LA MAÎTRISE DE SOI
SELON LA VOIE TOLTÈQUE

DON MIGUEL RUIZ JR.

LA MAÎTRISE DE SOI
SELON LA VOIE TOLTÈQUE

Un guide vers la liberté

Guy Trédaniel éditeur
19, rue Saint-Séverin
75005 Paris

Du même auteur

Méditations quotidiennes sur la voie toltèque, 2014.
Les Cinq Niveaux d'attachement, 2014.

Titre original : *The Mastery of the Self*

Traduit de l'anglais par Anne Delmas
ISBN : 978-2-8132-1425-6

Dessin de couverture : Emma Smith
Conception originale de la couverture
© Nicholas Wilton

À tous ceux que j'aime.

Sortez de votre esclavage mental !
Il n'y a que vous qui puissiez libérer votre esprit.

— *Bob Marley.*

Un moment de lucidité non suivi d'action
n'est qu'une pensée qui passe dans le vent.
Mais un moment de lucidité suivi d'action,
c'est un moment décisif dans votre vie.

— *Don Miguel Ruiz Jr.*

SOMMAIRE

NOTE DE L'ÉDITEUR : COMMENT EST NÉ CE LIVRE

« Connais-toi toi-même. »

Tels sont les mots écrits à l'entrée du temple d'Apollon, la demeure de l'Oracle de Delphes, qui est indiscutablement la femme la plus célèbre de toute la Grèce antique. L'histoire nous raconte que, chaque année, des milliers de personnes, dont des rois, des reines, des hommes d'État, des philosophes et des gens du commun, voyageaient sur des milliers de kilomètres pour recevoir sa guidance prophétique. Le temple lui-même était une structure imposante. Il connut sa plus grande influence au milieu du premier millénaire avant notre ère ; il était alors considéré comme le haut lieu religieux le plus important de toute la Grèce.

La construction d'un énorme temple comme celui-là, même avec nos engins avancés et notre technologie moderne, resterait une entreprise colossale pour nos standards d'aujourd'hui. Les architectes modernes s'émerveillent de l'intelligence, du savoir-faire et de la qualité de main-d'œuvre qui ont pris part à la création de ce temple. Mais ce que je trouve le plus fascinant, c'est que, de tous les messages qui auraient pu être inscrits à l'entrée, on ait choisi cet axiome qui tient en quatre mots : « Connais-toi toi-même. » Peut-être l'Oracle voulait-elle être certaine que, si on ramenait du pèlerinage le souvenir d'un seul message, alors ce serait de se connaître soi-même. Je me demande souvent à quoi ressemblerait le monde si certaines de nos religions modernes nous enseignaient que cette connaissance de soi, plutôt que l'adhésion aveugle à une guidance extérieure à soi ou à un dogme, est le but primordial du chemin spirituel.

Peu de temps après cette période où l'Oracle fut à son zénith en Grèce, de l'autre côté du monde que l'on connaît maintenant comme la partie sud et centrale du Mexique, un groupe de personnes se rassemblait pour donner forme à une nouvelle civilisation sur la terre. Ils s'appelaient eux-mêmes « toltèques », ce qui veut dire « artistes ». Mais ils n'étaient pas des artistes au sens traditionnel du terme (même si certains étaient aussi peintres et sculpteurs) ; ils se voyaient plutôt comme des artistes de la vie et considéraient le monde dans lequel nous vivons comme la toile sur laquelle ils peignaient leur chef-d'œuvre. L'héritage des Toltèques et leurs enseignements ont été transmis à travers les générations, souvent de façon secrète lorsque la politique des époques traversées l'exigeait, et don Miguel Ruiz Jr. est le tout dernier enseignant de la lignée des Chevaliers de l'Aigle du peuple toltèque.

Lorsque Miguel est venu me voir pour me parler de son projet d'écrire un livre sur la maîtrise de soi, je n'ai pu que penser à l'Oracle de Delphes et à son injonction vieille de

2500 ans : « Connais-toi toi-même. » Je me suis demandé à quoi ressemblerait ce sage conseil dans le contexte de la sagesse de ses ancêtres toltèques. Le livre que vous tenez à présent dans vos mains, je suis heureux de le dire, vous transmet exactement cela – et bien plus encore. Miguel présente l'ancienne sagesse de façon moderne, et il nous aide à appliquer cette vérité intemporelle de « Connais-toi toi-même » dans notre vie quotidienne.

Dans les chapitres du début, Miguel jette les bases de ce livre, en offrant un cadre de référence basé sur la tradition toltèque. Il vous explique comment les événements et les actions de votre passé ont donné forme à votre réalité présente. Dans les chapitres suivants, il creuse le sujet en vous donnant les outils nécessaires pour découvrir qui vous êtes au niveau le plus profond, pour révéler les éventuelles croyances qui vous limitent et que vous avez faussement acceptées comme des faits réels, et pour vous libérer des attachements qui sont en vous et qui ne cessent de vous tirer vers le bas. Les chapitres de la fin vont vous aider à tracer une voie nouvelle qui vous mène là où vous souhaitez vraiment aller, et pour certains d'entre vous cela peut être un endroit très différent de ce vers quoi vous vous dirigez actuellement.

Miguel a insisté auprès de moi en de nombreuses occasions sur le fait qu'il ne suffit pas de lire simplement l'information contenue dans ces pages ; mais c'est lorsqu'on choisit d'intégrer cette connaissance dans sa vie qu'on en reçoit les bénéfices.

À cet effet, il a inclus des exercices à la fin de plusieurs chapitres, qui sont destinés à vous y aider. Pour revenir au monde de la Grèce antique un instant, nous pouvons dire qu'avec les exercices, le *logos* (la connaissance) devient *praxis* (la pratique) – ou, ainsi que Miguel l'écrit : « Comprendre les enseignements est le premier pas, mais les appliquer est ce qui fait de vous un Maître. »

Sans plus attendre, c'est avec grand plaisir que je vous présente *La Maîtrise de Soi* de don Miguel Ruiz Jr. Puisse ce livre vous servir au mieux dans votre voyage à la découverte de vous-même.

Randy Davila,
éditeur (Hierophant Publishing).

EXPLICATION DES MOTS-CLÉS

Allié

La voix intérieure (ou le narrateur) qui vous raconte ce que vous vivez, en vous inspirant de vivre, créer et aimer inconditionnellement. L'allié peut aussi vous offrir de constructives discussions avec vous-même.

Attachement

Le fait de prendre quelque chose qui ne fait pas partie de vous et d'en faire une part de vous du fait d'un investissement émotionnel ou énergétique. Vous pouvez vous attacher à des objets extérieurs, à des croyances, à des idées, et même aux rôles que vous jouez dans la vie.

Conscience éveillée

La pratique qui consiste à faire attention dans l'instant présent à ce qui se passe à l'intérieur de votre corps et dans votre esprit ainsi qu'à ce qui se passe dans votre entourage direct.

Domestication

Le principal système de contrôle dans le Rêve de la Planète. La domestication commence quand nous sommes très jeunes, et qu'on nous montre que l'on reçoit récompense ou punition selon notre adhésion ou non aux croyances et comportements que d'autres demandent que l'on accepte. Lorsque les croyances et comportements que nous avons adoptés sont le résultat de récompenses ou de punitions, on peut dire que l'on a été domestiqué.

Guerrier toltèque

Quelqu'un qui s'est engagé à se servir des enseignements de la tradition toltèque pour gagner sa bataille intérieure contre la domestication et l'attachement.

Narrateurs

Les voix dans notre esprit qui nous parlent à longueur de journée, et qui peuvent être soit positives (allié), soit négatives (parasite).

Parasite

La voix du narrateur, lorsqu'il se sert de vos croyances, formées par la domestication et l'attachement, pour avoir du pouvoir sur vous en mettant ainsi des conditions à l'amour de vous-même et à l'acceptation de vous-même. Cette voix négative fait naître tristesse, anxiété et peur.

Peuple toltèque

Un ancien groupe d'Amérindiens qui se sont rassemblés dans le sud et le centre du Mexique pour étudier la perception. Le mot « toltèque » veut dire « artiste ».

Rêve personnel

La réalité unique créée par chaque individu, votre point de vue personnel. C'est la manifestation de la relation entre votre corps et votre esprit.

Le Rêve de la Planète

L'association de tous les individus dans leur Rêve personnel du monde, ou le monde dans lequel nous vivons.

Soi authentique (Moi authentique, Être authentique)

Le divin en vous ; la force qui donne vie à votre esprit et à votre corps. Cela ressemble au concept d'esprit ou d'âme qui existe dans de nombreuses traditions religieuses, mais ce n'est pas exactement la même chose.

INTRODUCTION

Imaginez un instant que vous êtes dans un rêve.

Dans ce rêve, vous vous trouvez au milieu d'une fête immense qui rassemble des milliers de personnes, et vous êtes le seul qui soit sobre, car tous les autres sont ivres. Les autres participants à la fête sont dans des états d'ébriété divers. Certains ont bu seulement un ou deux verres et sont juste un peu éméchés, la plupart sont pris par l'ivresse générale et quelques-uns sont si saouls qu'ils se donnent en spectacle de toutes sortes de manières pittoresques. Il se peut même qu'ils n'aient plus du tout conscience de quoi que ce soit, tant leurs agissements semblent absolument hors de leur contrôle.

Certaines des personnes de cette fête sont vos amis et votre famille, certaines sont des connaissances, mais vous ne connaissez pas la plupart d'entre elles. Vous essayez de parler avec quelques-unes, mais vous découvrez vite que leur taux d'ébriété a altéré leur capacité à communiquer clairement : il a obscurci leur point de vue. Vous pouvez également observer que chaque personne vit la fête de façon différente selon son degré d'ébriété, et que vos interactions changent avec chaque nouveau verre qu'elles prennent.

Le panel de fêtards va du bruyant, extraverti et heureux, au timide, tranquille et renfrogné. Alors que la fête bat son plein, vous observez que chacun balance entre les deux extrêmes : d'heureux à triste, d'excité à apathique. Ils s'affrontent et se fardent, ils débattent, ils se prennent dans les bras et débattent encore, et vous observez ce type de comportement étrange qui se répète indéfiniment par cycles tout au long de la nuit. Vous vous rendez compte que, même s'ils sont saouls, ce n'est pas d'alcool qu'ils ont le plus envie, mais plutôt du drame qui se joue dans la fête.

Alors que la nuit continue, vos interactions avec eux varient d'une personne à l'autre. Certaines sont agréables, d'autres capables de se montrer rapidement versatiles. Étant donné que leur perception est brouillée, les participants à la fête réagissent émotionnellement aux situations que vous voyez, vous, comme de purs fantasmes. Pour quelques-uns, le rêve est devenu un cauchemar.

Et le plus important de tout, c'est qu'il est clair que personne dans cette fête ne sait qu'il s'agit simplement d'un rêve.

Et puis, vous commencez à comprendre que cette fête n'est pas nouvelle, mais que vous y avez déjà participé. À un moment, vous étiez exactement comme eux. Vous avez traversé les différents degrés d'ivresse, en vous comportant exactement de la même façon que ceux qui sont à présent autour de vous. Vous avez parlé aux autres à travers le brouillard de l'alcool, vous vous êtes joint à la folie de la fête et vous avez laissé l'ivresse guider vos actions.

Enfin, il est évident que personne ne comprend que vous êtes à présent sobre. Ils pensent que vous êtes toujours ivre, tout comme eux. Ils ne voient pas votre chemin, mais seulement le leur. Ils vous voient en distorsion, dans une projection de leur esprit imbibé d'alcool, et non pas tel que vous êtes vraiment. Et ils ne sont absolument pas conscients de l'effet véritable que la boisson a sur eux. Chacun est perdu dans son rêve de la fête. Ils ne voient pas que leurs interactions ne sont plus sous leur contrôle. Par conséquent, ils n'arrêtent pas d'essayer de vous attirer dans le drame de la fête, pour vous faire rejoindre la folie créée par les distorsions de leur perception.

Qu'allez-vous faire ?

CHAPITRE 1

LA FORMATION D'UN MAÎTRE

À l'apogée de son voyage, le guerrier toltèque a clarifié son esprit de toute croyance, domestication et attachement, et cela marque la fin de la guerre intérieure qu'il a menée pour acquérir sa liberté personnelle. Autour de lui, il y a un nombre infini de possibilités, chacune menant à un choix de vie suivant une direction unique. Lorsque le guerrier ou la guerrière fait son choix à travers ses actes, il sait que le chemin suivi, en fin de compte, n'est pas différent des autres, car tous mènent au même endroit. Il ne demande aucun résultat particulier, en comprenant qu'il n'y a nulle part où aller et qu'il n'y a besoin de rien pour se trouver soi-même. Les actes du guerrier sont la conséquence de la joie pure de se savoir vivant au moment précis où il choisit l'une de ces multiples possibilités.

Cette existence menée dans un esprit paisible crée un état de pure béatitude qui vient du fait d'être entièrement dans le moment présent. Véritablement rien d'autre n'importe que le présent, parce que c'est le seul endroit où la vie peut s'exprimer.

C'est là un état dont beaucoup d'entre vous font l'expérience à un moment de leur vie, quand ils sont complètement engagés dans le présent. Certains le vivent lorsqu'ils s'exercent à quelque chose, ou qu'ils créent en conscience, qu'ils sont dans la nature, qu'ils font l'amour ou, bien sûr, quand ils méditent ou prient. Ce sont des moments où corps et esprit sont dans l'absolue conscience de l'expérience vivante. On peut aussi dire que, dans ces moments, nous atteignons souvent un pur état d'amour inconditionnel pour toute chose et pour tous, y compris pour nous-mêmes.

Bien que vivre à plein temps dans cet état de pure béatitude soit pour beaucoup un but, la plupart seront d'accord sur le fait que « c'est plus facile à dire qu'à faire » – surtout si l'on ne vit pas à l'écart du monde. Vivant au milieu des autres, on choisit avec qui on va entrer en interaction, et c'est souvent dans ces interactions que les problèmes arrivent.

Dans la tradition toltèque, la principale fonction de l'esprit est de rêver, ou bien de percevoir et de projeter des informations. Le Rêve personnel est la réalité unique créée par chaque individu ; c'est son point de vue, l'expression de sa relation corps-esprit, l'intention étant ce qui les anime. Dans le mélange et partage de nos connaissances et expériences, nous cocréons le Rêve de la Planète, qui est l'association de tous les individus dans leur Rêve personnel du monde. Bien que nous vivions chacun notre Rêve à partir de notre perception individuelle, le Rêve de la Planète est la manifestation des intentions que nous partageons ; c'est le lieu où nous laissons circuler nos idées et nos accords. S'il y a de l'harmonie dans notre Rêve personnel, alors il y a en permanence possibilité d'harmonie avec le Rêve de la Planète.

Étant donné que vous êtes en train de lire ce livre, il est vraisemblable que vous ne vivez pas cloîtré dans un monastère ou un ashram, ni tout seul au sommet d'une montagne. Vous avez choisi de participer à la vie du monde, et vous avez envie de bien en profiter. La solitude peut être un excellent outil de guérison et de communion avec soi-même, mais ce sont nos interactions avec les autres qui vont nous permettre de prospérer et d'avoir le plaisir d'une vie active. Si la vie est une fête foraine, vous êtes venu pour monter sur les manèges.

Mais avoir part au Rêve signifie que vous allez sans doute développer des préférences pour certains chemins possibles – ou, en d'autres termes, que vous aurez des désirs. Lorsque vous devenez trop attaché à ces désirs et qu'ils ne sont pas comblés, le résultat est que vous souffrez. Il y a également des milliards d'autres personnes investies dans la cocréation du Rêve de la Planète, et beaucoup d'entre elles ont des désirs différents des vôtres. Sans respect ni compréhension, il est certain que des drames et désaccords ne pourront que se produire. Ce qui amène les questions suivantes : Y a-t-il une façon dont vous pouvez vous engager activement dans la vie, sans devenir trop attaché à vos préférences personnelles ? Pouvez-vous rester calme et garder votre équilibre quand vous avez affaire aux autres, en les voyant, eux et vous-même, à travers les yeux de l'amour inconditionnel – par conséquent sans être attiré par le côté drame de la fête ? D'après mon expérience, la réponse à ces deux questions est oui, et c'est là le sujet de ce livre. Il est possible de réaliser cela à travers un processus appelé la « Maîtrise de Soi ».

Vous devenez un Maître de Soi lorsque vous pouvez participer au Rêve de la Planète et entrer en relation avec les autres, sans perdre de vue votre Être authentique, le Moi authentique, tout en gardant présent à votre conscience que chacun des choix que vous faites sont les vôtres. Vous n'êtes plus pris dans le drame de la fête. Lorsque vous participez en conscience au Rêve de la Planète en vous souvenant qu'il ne s'agit que d'un rêve, vous devenez capable d'évoluer librement, libéré des chaînes de l'attachement et de la domestication.

L'attachement est l'action de prendre quelque chose qui ne fait pas partie de vous et d'en faire une part de vous du fait d'un investissement émotionnel ou énergétique. Lorsque vous vous attachez à quelque chose dans le Rêve de la Planète, vous souffrez chaque fois que l'objet de votre attachement est menacé – et c'est vrai indépendamment de la réalité ou de l'illusion de cette menace. La plupart des personnes ne sont pas seulement attachées à leurs désirs dans leur relation aux choses matérielles, elles le sont également à leurs convictions et à leurs idées. Même si l'attachement est quelque chose qui peut se produire naturellement sur le moment, il devient malsain dès lors que l'on perd la faculté de s'en détacher une fois le moment passé, ou que notre conviction ou notre croyance n'est plus en phase avec la vérité. En tout cas, être attaché aux croyances est plus destructeur que l'attachement aux choses extérieures, parce que croyances et idées sont bien plus difficiles à déceler et à lâcher.

Dans le Rêve de notre Planète, la domestication est le système de contrôle : c'est la façon dont nous apprenons l'amour conditionnel. Cela commence quand nous sommes très jeunes, et qu'on nous montre que l'on reçoit récompense ou punition selon notre adhésion ou non aux croyances et comportements que d'autres trouvent acceptables (et veulent nous faire accepter). On se sert de ce système de récompense ou de punition pour contrôler notre comportement. Le résultat de cette domestication est que beaucoup d'entre nous abandonnent qui ils sont pour y substituer qui ils pensent qu'ils devraient être – en conséquence de quoi, ils finissent par mener une vie qui n'est pas la leur. Apprendre à repérer et à lâcher sa domestication, et à reconquérir ainsi qui on est vraiment, telle est la caractéristique, la marque de fabrique, d'un Maître de Soi.

Lorsque vous êtes domestiqué par une croyance ou une idée, ou si attaché à elle que vous ne pouvez pas la laisser partir, vos choix se réduisent considérablement jusqu'à ce que toute notion même de choix soit vraiment illusoire. Vos croyances actuelles vous définissent, et ce sont elles qui vont dicter vos choix. Tant que la domestication et les attachements vous contrôlent, vous n'êtes plus maître de votre être, de qui vous êtes. Il en résulte que les relations que vous pouvez créer avec d'autres comme envers vous-même ne vont pas servir votre bien supérieur. Vous avez rejoint le drame de la fête, et c'est lui, à présent, qui donne forme à votre Rêve personnel.

Le Rêve de la Planète est rempli de pièges qui vous leurrent pour vous ramener dans le drame de la fête, et on peut s'y laisser prendre en un clin d'œil. Si on a choisi de participer à la vie du monde, il est évidemment impossible d'en éviter tous les pièges. Cependant, lorsqu'on prend conscience que l'on est en train de se faire piéger, le simple fait de le remarquer permet de commencer à reprendre contrôle. En sachant mieux déceler les pièges et comprendre les émotions et croyances sous-jacentes en soi qui ont tendance à faire que l'on peut se retrouver piégé, vous êtes beaucoup moins susceptible de mordre à l'appât. Et si cela vous arrive quand même, vous pouvez lâcher prise sur tout ce à quoi vous êtes attaché aussi vite que la volonté ou le désir l'exige. Cela peut vous sembler un mouvement contraire à l'intuition, mais *vous choisissez de lâcher pour pouvoir avoir le contrôle de vous-même*. Agir ainsi est le propre d'un Maître de Soi.

Étant Maître de Soi, maître de vous-même, vous pouvez avoir des relations avec les autres, même avec ceux qui ne sont pas d'accord avec vous, tout en restant ancré dans votre Moi authentique. Vous êtes capable de garder votre libre arbitre et de respecter celui des autres. Savoir que les autres vous voient d'une certaine façon vous permet d'avoir le choix de la relation que vous avez avec eux. Vous ne changez de forme que dans leur perception, dans la façon dont ils vous perçoivent, et avoir conscience de cela vous permet de rester vrai envers vous-même et de ne pas céder à la tentation de prendre pour vous la façon dont les autres définissent qui vous êtes. Vous vous rendez compte que vous n'avez pas à endosser l'image que d'autres peuvent projeter sur vous parce que vous savez que ce n'est pas votre réalité. Une telle conscience vous permettra de cocréer plus harmonieusement avec les autres, et de faire en sorte que les relations qui importent le plus pour vous s'avèrent les plus satisfaisantes et gratifiantes possible.

Mais la chose la plus importante, c'est qu'en devenant Maître de Soi on sait comment rester ancré dans son Être authentique, indépendamment de ce qui se passe autour de soi. On a une conscience éveillée qui comprend rapidement quand on agit d'une façon qui n'aide ni les autres ni soi, et on peut repérer les situations où l'on nourrit son ego, ou le faux sens de soi, au lieu de vivre dans la paix. On se libère ainsi du drame et de la souffrance que l'on s'inflige à soi-même, et que tant de personnes créent dans leur vie.

Quand on ne prend pas conscience de la façon dont on s'est engagé dans le Rêve de la Planète et envers les êtres qui le créent, il est extrêmement facile de prendre pour soi ce qui se passe autour de soi et d'oublier que tout est un rêve. Par conséquent, vos attachements ne font que grandir jusqu'à ce que vous soyez dévoré par le drame qui se joue dans la fête.

Devenir Maître de Soi concerne le fait de rester dans la conscience de son centre, tout en étant en interaction avec le Rêve de la Planète, et en se souvenant qu'il s'agit d'un rêve.

Rester centré tout en étant engagé dans le monde est bien plus facile à dire qu'à faire, et ce livre est consacré à vous enseigner exactement comment y arriver.

La Maîtrise de Soi n'est pas une idée particulière à la tradition toltèque : toutes les formes offertes par des disciplines spirituelles nous procurent une « carte routière » pour nous aider à vivre dans l'harmonie au sein du Rêve de la Planète, en libérant notre esprit de la tyrannie de nos propres pensées et sans être affecté par les projections des autres. Cela dit, la tradition toltèque a ses contributions uniques en ce sens, et nous en discuterons plus en détail dans les pages qui vont suivre.

Avant de déconstruire et de rebâtir le monde autour de nous, en commençant par nous-mêmes, nous avons besoin d'avoir une meilleure compréhension des attachements, de la domestication et de la différence entre l'amour conditionnel et l'amour inconditionnel. Alors, et seulement à ce moment-là, nous pouvons reconstruire notre Rêve personnel dans la paix et l'harmonie.

CHAPITRE 2

COMPRENDRE NOTRE DOMESTICATION ET NOS ATTACHEMENTS

Il y a une vieille histoire toltèque, partagée depuis des générations dans ma famille, à propos d'un chaman qui s'était lui-même donné le nom de « Miroir de Fumée ». Il s'était appelé ainsi en prenant conscience que non seulement la fumée obscurcissait sa vision et contrôlait sa volonté, mais qu'elle faisait la même chose avec tous ceux de son entourage. Le récit de son histoire nous sera précieux pour avancer davantage dans ce que peut être la Maîtrise de Soi.

Après de nombreuses années d'études et dans un moment de compréhension profonde, ce chaman fait l'expérience de la vérité : « Je suis fait de lumière ; je suis fait des étoiles. Notre être réel, ce que nous sommes, c'est le pur amour, la pure lumière », dit-il. Il regarde son village et y reconnaît chacun et tout ce qu'il voit comme une manifestation de Dieu. Il comprend intuitivement que le parcours de la vie humaine est un processus où le Divin prend conscience de lui-même.

Sous l'impulsion de cette compréhension, le chaman veut tout de suite partager ce message avec son village. Mais quand il le fait, il devient clair que personne d'autre ne le comprend. Il se rend compte alors qu'il y a un brouillard de fumée entre lui et les autres, et que ce brouillard ne leur permet pas de voir plus loin que le bout de leur nez. Le brouillard contrôle absolument toutes leurs actions, chacune de leurs croyances.

Le chaman remarque aussi que, lorsqu'il entre en interaction avec d'autres personnes, le brouillard essaie de reprendre contrôle sur lui. Mais, dès qu'il remarque l'arrivée du brouillard, le simple fait de le remarquer conduit le brouillard à se dissiper. Et lorsque le brouillard se retire, il se rend compte qu'il y a un miroir devant lui et qu'il peut y entrevoir son reflet. Lorsque le brouillard s'est entièrement levé, il peut à nouveau se voir complètement.

Le chaman comprend qu'il est la vérité et que le reflet dans le miroir en est un rappel : il ne reflète que la vérité. Il commence à comprendre le reflet en tant qu'instrument d'éveil de la conscience.

À chaque fois que le brouillard s'avance et l'empêche de reconnaître qui il est vraiment, il a la possibilité de regarder dans le miroir. Si le miroir est obscurci ou s'il ne peut pas s'y voir, il sait qu'il est sur une fausse piste, piégé dans le brouillard. Mais dès qu'il se souvient de son Être authentique, la fumée commence aussitôt à se dissiper. Alors, pour se souvenir de qui il est vraiment ainsi que du pouvoir qu'a le brouillard de recouvrir sa perception, le chaman change son nom en « Miroir de Fumée ».

Cette histoire puissante est porteuse d'un enseignement qui est au cœur de la tradition toltèque dans ma famille. Le brouillard représente nos attachements et nos domestications qui s'unissent pour nous empêcher de faire l'expérience de la vérité de qui nous sommes vraiment.

LA DOMESTICATION

Pour expliquer ce qu'est la domestication, je vais commencer par une histoire simple.

Imaginez un enfant de huit ou neuf ans qui mange avec sa grand-mère qui lui a préparé une soupe pour le dîner. Ils sont assis et discutent ensemble, heureux chacun de la compagnie de l'autre et de l'amour qui les unit.

Après avoir mangé la moitié de son bol de soupe, l'enfant se rend compte qu'il n'a plus faim :

— Je ne vais pas manger le reste, Grand-Mère. Je n'ai plus faim.

— Il faut que tu manges toute ta soupe, mon petit, répond-elle.

Que vous soyez ou non un parent, ce que la grand-mère du garçon essaie de faire est assez clair. Ses intentions sont louables : elle veut qu'il mange parce qu'il faut qu'il soit nourri. Et quand il refuse, elle essaie de le convaincre de manger davantage en lui présentant une récompense s'il fait ce qu'elle veut. C'est là le premier outil de la domestication.

— Tu dois finir ta soupe, dit-elle, cela va te faire grandir et te rendre fort, comme Superman !

Mais le garçon ne cède pas :

— Non, je n'ai pas faim, maintient-il. Je ne veux rien manger de plus maintenant.

En disant qu'il n'a plus faim, le garçon a le plaisir d'éprouver le sentiment de s'affirmer lui-même : il se sent puissant de dire non, d'exprimer son libre arbitre. Il peut éprouver ce même sentiment en pouvant dire oui aux choses qu'il veut, et cela lui fait du bien de le dire. C'est de cette façon que les jeunes enfants (vous y compris lorsque vous étiez jeune) apprennent le pouvoir de l'intention : en affirmant leur « oui » et leur « non ».

À la longue, le garçon fait perdre patience à sa grand-mère et, puisque la carotte ne marche pas, elle va prendre le bâton pour lui imposer sa volonté. Comme beaucoup de grands-parents ainsi que leurs parents avant eux, elle outrepasse la ligne du respect du choix de l'enfant et elle ajoute au scénario la punition – dans notre exemple : la culpabilité et la honte –, ce qui est le deuxième outil de la domestication.

— Sais-tu combien d'enfants n'ont pas à manger dans le monde ? Ils meurent de faim ! Et toi, ici, tu gâches la nourriture. C'est un péché de gâcher la nourriture.

À présent, le jeune garçon est touché. Il ne veut pas avoir l'air d'être un enfant égoïste, et il n'a pas du tout envie de passer pour un pécheur aux yeux de sa grand-mère. Avec un sentiment de défaite, il lâche ce qu'il voulait, il abdique.

— D'accord, Grand-Mère, je vais finir ma soupe.

Il recommence à manger et n'arrête pas avant d'avoir fini son bol. Alors, avec une tendresse qui fait que son petit-fils se sent protégé et aimé, Grand-Mère lui dit : « Tu es un bon garçon. »

Le garçon apprend qu'en satisfaisant aux règles du Rêve, il peut gagner une récompense ; dans cet exemple, il est un bon garçon aux yeux de sa grand-mère et il reçoit son amour et ses encouragements. Le châtiment aurait été d'être considéré par elle comme un enfant égoïste, un pécheur et un vilain garçon.

C'est là un exemple simple de la domestication à l'œuvre. Personne ne doute que la grand-mère a les meilleures intentions du monde : elle aime son petit-fils et veut qu'il mange son repas. Mais la méthode qu'elle utilise pour parvenir à son but a involontairement des conséquences négatives. Chaque fois qu'on avance la culpabilité et la honte pour inciter à faire quelque chose, cela va à l'encontre de ce qui serait bon pour le développement de la personne. Et finalement, ces éléments négatifs seront amenés à refaire surface d'une façon ou d'une autre.

Dans notre exemple, imaginons ce garçon qui grandit. La domestication qui a eu lieu dans ce domaine est si forte qu'elle impose encore son pouvoir sur lui à l'âge adulte. Ainsi, bien des années plus tard, il va dans un restaurant où on lui sert une grande assiette de nourriture. Au milieu du repas, son corps lui envoie le signal de la vérité de ce moment-là : *Je n'ai plus faim*. Consciemment, ou dans son subconscient, il entend une voix qui lui dit : *C'est un péché de gâcher la nourriture*. Consciemment, ou dans son subconscient, il répond *Oui, Grand-Mère* et continue à manger.

En finissant son assiette comme un bon garçon, il répond à sa domestication plutôt qu'à ses besoins du moment. À ce moment-là, il va complètement à l'encontre de lui-même en continuant à manger après que son corps vient de lui faire comprendre qu'il n'avait plus faim. L'idée est si forte qu'elle outrepasse le mouvement naturel de son corps qui serait d'arrêter. Trop manger peut être néfaste pour le corps, et c'est là l'une des conséquences négatives de l'utilisation de la culpabilité et de la honte comme instruments de soumission. L'autre conséquence est qu'il éprouve une souffrance intérieure en revivant un moment du passé fait de culpabilité et de honte et qui contrôle sa façon d'agir aujourd'hui.

Enfin, remarquez que sa grand-mère n'est même pas présente dans la situation actuelle, étant donné qu'il a lui-même repris les rênes de la domestication et asservi sa propre volonté, sans subir l'influence de qui que ce soit d'autre. Dans la tradition toltèque, on désigne ce phénomène comme de l'autodomestication. Ainsi que mon père aime à le dire : « Les humains sur cette planète sont les seuls animaux qui s'autodomestiquent. »

La relation entre le garçon et sa grand-mère participe au Rêve de la Planète, et le repas entre la grand-mère et son petit-fils est un exemple basique de la façon dont a lieu, dans notre Rêve, la domestication par un autre comme par soi-même. La grand-mère a domestiqué son petit-fils à ce moment-là, mais il a continué à s'autodomestiquer lui-même longtemps après. L'autodomestication est le fait de ne s'accepter soi qu'à la condition de vivre selon les idéaux adoptés d'autres personnes dans le Rêve de la Planète, sans même considérer si ces idéaux correspondent à ce qu'on veut réellement.

Les conséquences sur le fait de finir un bol de soupe sont minimes, mais la domestication et l'autodomestication peuvent prendre des formes bien plus sérieuses et sinistres. Par exemple, beaucoup d'entre nous ont appris à critiquer leur apparence physique parce qu'elle n'était « pas assez bien » selon les standards de la société. On nous a imprégnés de la croyance que nous n'étions pas assez grands, pas assez minces, ou que notre peau n'était pas de la bonne couleur, et, dès l'instant où nous avons été d'accord avec ce genre de croyance, nous avons commencé à nous autodomestiquer. En adoptant une croyance extérieure à nous, nous avons soit rejeté notre apparence physique, soit essayé de la changer pour nous sentir acceptables à nos yeux et dignes d'être acceptés par les autres. Imaginez un instant le grand nombre d'industries qui cesseraient d'exister si nous aimions notre corps exactement tel qu'il est !

Soyons clairs, la domestication concernant l'image du corps n'est pas la même chose que vouloir perdre du poids pour être en bonne santé, ou d'avoir une préférence pour tel ou tel « look ». La différence fondamentale, c'est qu'en suivant vos goûts vous agissez à partir d'un endroit d'amour de vous et d'acceptation de vous, alors qu'avec la domestication vous partez d'un endroit de honte, de culpabilité, et d'un sentiment d'« insuffisance ». La limite entre les deux peut être parfois ténue, mais le Maître de Soi est quelqu'un qui peut voir ce qu'il en est vraiment et déterminer ses véritables motivations.

Une autre forme largement répandue de domestication dans le Rêve actuel de la Planète tourne autour des classes sociales et des possessions matérielles. Il y a une croyance sous-jacente, dictée par la société, qui veut que ceux qui ont le plus de « biens » ou qui occupent certains postes soient, en un sens, plus importants que les autres. Mais moi, dans ma vie, je n'ai jamais rencontré personne qui soit plus important que qui que ce soit d'autre, car nous sommes tous les créations magnifiques et uniques du Divin. Et pourtant, bien des personnes poursuivent des carrières qu'elles n'aiment pas, et achètent des choses dont elles ne veulent pas en réalité ou dont elles n'ont pas besoin, en essayant de parvenir à des buts illusoires d'acceptation par leurs pairs ou d'auto-acceptation. Dans ce genre de cas (et nous pouvons penser à beaucoup d'autres), la domestication mène à l'autodomestication, avec pour conséquence que les personnes vivent des vies qui ne sont pas la leur.

J'aimerais vous raconter l'exemple d'un ami proche qui subissait ce genre de domestication, et la façon dont il s'en est libéré. Depuis son plus jeune âge, mon ami avait été encouragé par sa famille à devenir avocat. Les siens lui avaient bourré la tête avec des histoires d'argent et de pouvoir, et lui avaient fait croire qu'il avait toutes les compétences nécessaires pour réussir dans ce domaine. Encouragé par ceux-ci, mon ami a étudié les bases de la législation au lycée, puis il est entré dans une faculté de droit. Mais, peu après, il s'est rendu compte qu'il ne supportait pas cet univers des lois. En revoyant les choses, il comprit qu'il avait été domestiqué par l'idée qu'être avocat allait faire de lui quelqu'un de riche, de puissant, et – plus important encore – quelqu'un de spécial aux yeux de sa famille. Mais, la vérité, c'était qu'en adoptant cette voie, c'est les rêves de sa famille qu'il suivait et non les siens. Lorsqu'il annonça à tous ses parents qu'il laissait tomber ses études, beaucoup d'entre eux furent déçus et tentèrent désespérément de le faire changer d'avis, mais il a pu rester ferme en s'appuyant sur sa force d'intention. C'était il y a de nombreuses années, et, à présent, il rit en se souvenant de ses plans de jadis, car il est très heureux dans sa profession actuelle, en tant qu'auteur et enseignant spirituel.

Cet exemple illustre comment des idées qui nous ont été inculquées depuis notre enfance ne sont pas en adéquation avec la voie qui a notre préférence. Mais, tout comme mon ami, vous avez en vous le pouvoir de vous libérer de la domestication que vous avez pu vivre, et le premier pas pour cela est d'en prendre conscience et de trouver ce qui est vrai pour vous.

Enfin, je veux qu'il soit clair que, bien que je me sois intéressé ici aux aspects négatifs de la domestication, toute domestication n'aboutit pas à des résultats négatifs. En d'autres termes, le fait qu'une idée ait trouvé racine en vous par une forme de domestication ne signifie pas que cette idée soit mauvaise et que vous deviez la rejeter. Si elle est en cohérence avec vos véritables préférences dans la vie, c'est formidable ! Par exemple, si mon ami avait fini par aimer la pratique du droit, alors il n'y aurait eu aucune raison pour lui de changer de cursus. Une fois que vous avez décidé pour vous-même en toute clarté d'esprit que telle idée ou telle conviction fonctionne pour vous, il n'y a rien de mal à la conserver. Le point important est que vous en fassiez le choix conscient.

L'ATTACHEMENT

Au sens le plus élémentaire, l'attachement commence avec les choses de ce monde. Vous pouvez le voir chez les jeunes enfants qui, vers l'âge de deux ans, commencent à faire des associations et à déclarer que les objets en leur possession sont « à eux ». Quiconque a essayé de faire partager son jouet à un enfant de deux ans peut attester du pouvoir de l'attachement. Bien que ce soit là que débute l'attachement aux choses, cela n'en reste certainement pas là, car souvent les attachements qui nous font le plus mal sont ceux qui ne sont pas visibles – je veux dire par là qu'il s'agit de nos attachements à nos idées, opinions et croyances personnelles.

Dans mon précédent livre, *Les Cinq Niveaux d'attachement*, j'explique en détail le concept d'attachement, et je propose une échelle des différents degrés possibles de votre attachement à vos convictions, idées et points de vue. Pour vous faire comprendre l'attachement et la façon dont il est relié à la Maîtrise de Soi, je vais me servir ici d'une histoire ordinaire qui vous en donnera un exemple en raccourci. Cet exemple illustre comment, si nous n'y faisons pas attention, les attachements peuvent rapidement devenir des choses malsaines et la cause de souffrances dans notre vie.

Imaginez que vous aimiez le football. Il n'y a pas d'équipe ni de joueur dont vous soyez particulièrement supporter, et peu vous importe que les matches se jouent dans un stade magnifique ou sur un terrain vague ; l'un comme l'autre sont bons pour un fan comme vous qui aime surtout assister au jeu. Que les joueurs soient supers ou médiocres n'a aucune importance pour vous tant que tous ceux qui participent au match ont du plaisir à jouer. Lorsque vous assistez à un match, en général, vous ne choisissez pas de soutenir un camp contre l'autre, et, s'il vous arrive de préférer une équipe, vous le faites avec très peu d'implication émotionnelle – juste ce qu'il faut pour rendre le jeu plus excitant. Par conséquent, vous ne souhaitez pas spécialement qu'une équipe plutôt qu'une autre gagne le match ; cela n'a rien à voir avec vous personnellement, étant donné que vous ne soutenez pas d'équipe en particulier d'une manière qui fasse partie de votre identité. Au moment où l'arbitre siffle la fin du match – quelle que soit l'équipe qui a gagné ou celle qui a perdu –, vous laissez le jeu derrière vous. Vous sortez du stade et vous continuez votre vie, en ayant eu le plaisir d'un bon match.

Dans ce contexte, lorsque vous assistez à un match, vous êtes simplement dans le plaisir du moment que vous vivez, sans attachement à ce qu'en sera l'issue. Vous faites l'expérience de la forme de joie la plus pure, celle qui provient de votre désir de profiter du match pour l'amour du jeu, ou pour l'amour de la vie sans conditions. Vous gardez votre liberté personnelle tout au long du processus, car l'issue du match n'a pas le moindre impact sur votre vie.

En gardant cette analogie, imaginons que vous aimiez le football, mais qu'à présent vous êtes un fan impliqué à soutenir une équipe en particulier. Ses couleurs font vibrer une corde émotionnelle en vous. Lorsque l'arbitre siffle la fin du match, le résultat vous touche à un niveau affectif. Vous exultez lorsque votre équipe gagne ; lorsqu'elle perd, vous êtes déçu.

Votre attachement à cette équipe commence à avoir un impact sur votre vie personnelle, passé les portes du stade, quand vous entrez dans l'univers des fans. Par exemple, si votre équipe perd, vous passez une mauvaise journée au travail, vous vous disputez avec quelqu'un à propos de qui ou quoi est responsable de l'échec de « votre » équipe, ou vous vous sentez triste malgré toutes les autres bonnes choses qui se passent autour de vous. Quelles que soient les conséquences, vous avez laissé votre attachement à un résultat précis changer votre *persona*, votre personne. Votre attachement au football déborde sur un monde avec lequel il n'a rien à voir.

Si vous ne contrôlez pas cet attachement, il va devenir de plus en plus fort et de plus en plus « engrammé », au point que l'histoire de la victoire ou de la défaite de votre équipe favorite est maintenant la *vôtre*. Les performances de votre équipe affectent votre valeur personnelle. En lisant les scores, vous râlez contre les joueurs qui « vous » représentent si mal. Vous n'avez pas seulement fait entrer le jeu chez vous, mais vous l'avez aussi totalement intégré comme une part de qui vous êtes, en conformant votre identité à votre conviction de ce que veut dire être un « vrai » fan.

Bien que l'équipe de foot n'ait rien à voir avec vous dans la réalité, l'importance que vous vous donnez personnellement est liée au succès ou à l'échec de cette équipe, parce que vous avez choisi de vous identifier à ses joueurs en particulier. Votre vie et votre attachement à cette équipe sont si enchevêtrés que vous ne pouvez plus les séparer, et vous croyez que celui qui n'est pas d'accord avec vous sur « votre » équipe se trompe. Vous pouvez même en arriver à faire de la fidélité à cette équipe la condition nécessaire pour que d'autres fassent partie de vos relations.

Si l'analogie avec le sport n'est pas évidente pour vous, prenons deux exemples dans la vie réelle. À la fin de l'une des saisons de football en Europe, un club renommé s'est trouvé rétrogradé en seconde division, ayant perdu un match décisif. Après avoir assisté à cet échec, un fan est rentré chez lui et s'est pendu. Pour lui, la vie ne valait plus la peine d'être vécue si « son » équipe n'était pas en première division. Autre exemple : un chauffeur de bus était fan d'une équipe perdante, et il était si énervé par sa défaite qu'il a lancé son bus sur un groupe de personnes qui portaient des T-shirts aux couleurs de l'équipe victorieuse. Quatre personnes sont mortes pour avoir porté les « mauvaises » couleurs. L'attachement de cet homme à son équipe était si grand qu'il a tué pour cela. Dans le cas de ces deux personnes, la joie d'assister à un match par pur amour du football avait disparu depuis longtemps.

Heureusement, le meurtre ou le suicide à cause de la défaite de son équipe favorite sont des événements qui arrivent très rarement ! Mais, lorsque nous passons à des sujets tels que la religion, la politique, l'argent, le sexe et le pouvoir, les conséquences négatives sont bien plus nombreuses. En vous attachant à un objet, une idée ou une croyance, vous en faites une partie de qui vous croyez être. Alors, vous vous retrouvez dans le brouillard et votre vision est voilée. Vous n'allez plus voir l'humanité d'une personne qui n'est pas d'accord avec vous, car vous ne pourrez voir en elle que la personnification d'une idée à laquelle vous vous opposez.

Lorsque votre miroir est clair, vous pouvez voir la divinité en chacun. Vous pouvez aller dans n'importe église, synagogue, temple, mosquée ou cercle de tambours, et y trouver et ressentir l'amour et la grâce de Dieu. Pour ceux qui sont perdus dans le brouillard, Dieu n'est rien d'autre que l'objet de la dévotion sur laquelle est centrée la religion ; en d'autres termes, les croyances et rituels de la religion sont pour eux plus importants que de faire l'expérience de Dieu dans le moment présent. C'est là le pouvoir d'un attachement malsain.

COMPRENDRE LA RELATION ENTRE DOMESTICATION ET ATTACHEMENT

Dans l'exemple du fan de foot, l'attachement provient de quelque chose qui était sincèrement aimé : le jeu de football. Le fan a laissé son amour pour ce jeu l'attirer dans le brouillard, en faisant du jeu une partie de son identité puisqu'il a pris son lien avec l'équipe pour qui il est vraiment.

Dans l'exemple du garçon et de sa grand-mère, le garçon a été domestiqué à l'idée qu'il doit finir tout ce qu'il y a dans son assiette, même si cette idée n'était pas vraie pour lui. Et, en tant qu'adulte, il a adhéré à l'idée qu'il devait finir sa nourriture même si son corps lui donnait une indication contraire. Par conséquent, il est à présent attaché à cette idée. La différence qu'il faut comprendre est celle-ci : l'attachement ne provient pas toujours d'une domestication, mais la domestication que l'on ne contrôle pas mène toujours à l'attachement. Voici à quoi ressemble l'évolution qui mène de la domestication à l'attachement :

1. **La domestication**. Vous êtes domestiqué à une idée par l'interaction avec les autres dans le Rêve de la Planète. (Une grand-mère domestique son petit-fils à l'idée que c'est un péché de ne pas finir tout ce qu'il y a dans son assiette.)

2. **Autodomestication**. Une fois que cette idée est ancrée profondément en vous et acceptée, elle devient une croyance.

Vous n'avez plus besoin que quelqu'un d'extérieur vous domestique pour la renforcer en vous : vous le faites vous-même. L'autodomestication est à l'œuvre. (Le petit-fils grandit et il a l'habitude de terminer tout ce qu'il y a dans son assiette, même s'il n'a pas faim.)

3. **Attachement**. Vous voilà attaché à cette croyance et, selon l'intensité de votre attachement, vous allez vous accepter vous-même et accepter les autres dans la mesure où cette croyance sera satisfaite. (Le petit-fils se sent coupable s'il ne finit pas ce qu'il y a dans son assiette ; il réprimande ses amis qui ne finissent pas leur repas, et il va domestiquer ses enfants à cette même idée.)

Comme vous pouvez le voir, les attachements proviennent souvent de la domestication. L'ironie est que, lorsque cela se produit, vous êtes attaché à une idée avec laquelle vous n'étiez pas d'accord à l'origine, mais que vous avez adoptée du seul fait de votre domestication. Au final, le résultat est que, sans en avoir conscience, vous allez adhérer à des idées qui ne sont pas vraies pour vous (et aussi les infliger aux autres) !

La domestication et l'attachement marchent main dans la main pour vous maintenir dans la séparation avec votre Moi authentique, perdu dans le brouillard et la fumée, piégé dans le drame de la fête. Ce cycle (domestication, autodomestication, attachement) peut continuer pendant des générations, jusqu'à ce que vous vous transformiez en Maître de Soi et que vous brisiez la chaîne. L'exercice suivant va vous aider à commencer à identifier votre propre domestication et vos attachements. Une fois que vous les aurez reconnus, vous pourrez décider si vous êtes prêt ou non à les laisser partir.

* * *

Repérer vos domestications

Prenez un moment pour revoir votre vie. Quelles sont certaines des idées qui ont été instillées en vous quand vous étiez enfant, et dont vous vous êtes ensuite débarrassé, car elles n'étaient pas vraies pour vous ? Il peut s'agir d'idées sur l'éducation ou la carrière, l'argent ou les possessions matérielles, la politique, la religion, ou dans bien d'autres domaines. Souvenez-vous, le point essentiel ici n'est pas de juger ou d'avoir du ressentiment envers ceux qui vous ont domestiqué à ces idées à l'origine, mais plutôt de voir où la domestication a eu lieu et comment vous vous en êtes libéré. En repérant où vous avez déjà découvert et lâché la domestication dans votre vie, vous vous prouvez à vous-même que vous avez en vous tout le pouvoir nécessaire pour vous libérer encore et encore.

*

* *

Identifier vos attachements

Étant donné que l'attachement commence avec les possessions matérielles, la première partie de cet exercice est destinée à vous montrer les éléments de votre vie que vous avez associés au sentiment de qui vous êtes.

Pensez à quelque chose que vous possédez et que vous aimez absolument, quelque chose que vous ne voudriez pas perdre. C'est peut-être votre voiture, votre maison, votre argent, un gadget électronique, un bijou, un objet souvenir, ou même un objet religieux ou sacré. Le point important est de trouver un objet pour lequel vous avez une forte prédilection, quelque chose qui est lié au sentiment de qui vous êtes. Il y a très peu de personnes qui, en regardant honnêtement et profondément, ne vont rien trouver dans leur existence qui corresponde à cette description.

Sur une feuille de papier, écrivez l'objet auquel vous pensez et répondez aux questions suivantes :

- Pourquoi éprouvez-vous un sentiment si fort pour cet objet ?
- Quel sentiment de sécurité est-ce que cela vous donne ?
- Comment cet objet est-il lié à votre identité ou au sentiment que vous avez de qui vous êtes ?
- Comment est-ce qu'il stimule votre ego ?

- Est-ce que cela vous fait plaisir de montrer cet objet aux autres ? Ou bien s'agit-il d'un objet que vous ne montrez à personne et que vous vous sentez spécial d'avoir ?
- Est-ce que posséder cet objet fait que vous vous sentez plus intéressant que les autres, plus riche, plus assuré, plus intelligent, ou un être plus spirituel ?

Soyez sincère, réagissez honnêtement à partir de vos émotions présentes. Il n'y a pas de bonne ou de mauvaise réponse. Le point important est d'explorer votre lien profond avec les choses matérielles.

À présent, chiffonnez votre feuille de papier et débarrassez-vous-en. Fermez les yeux et imaginez que cet objet n'existe plus dans votre vie. Comment vous sentez-vous ? Comment serait votre vie sans cela ? Qui seriez-vous sans cet objet ?

Maintenant que vous avez exploré l'idée de perdre cet objet, posez-vous les questions suivantes :

- Est-ce que cet attachement affecte vos relations aux autres dans votre vie ?
- Est-ce que votre attachement vous oblige à ne pas prendre de risques, ni donner suite à d'autres choses que vous voulez vraiment ?
- Pouvez-vous penser à des moments où vous avez modifié vos agissements à cause de cet objet ?

- Comment cet attachement affecte-t-il votre liberté personnelle ?
- Enfin, voulez-vous garder ce degré d'attachement ? Ou voulez-vous le faire diminuer, ou même le lâcher. Le choix vous appartient.

En revoyant vos réponses, observez le degré de peur éprouvée à l'idée de perdre votre objet. Plus elle est intense et plus il y a de chances pour que votre attachement vous amène à souffrir si vous perdez cet objet. Dans le Rêve de la Planète, une chose est sûre : cet objet finira par se délabrer, se désagréger et disparaître. Rien dans le Rêve ne dure pour toujours.

Répétez l'exercice en choisissant à présent une personne, une croyance, un rôle, une image corporelle ou une idée. Cela peut être votre position dans votre foyer (père, mère, enfant), ou bien d'autres fonctions que vous assumez et qui renforcent le sentiment de qui vous êtes. Êtes-vous particulièrement attaché à un rôle que vous remplissez ? Comment vous sentiriez-vous si ce rôle changeait soudain ? Êtes-vous attaché à votre apparence ? Que se passerait-il si vous n'aviez plus le même aspect physique en vous réveillant ? Tout comme les objets physiques, les croyances et les rôles dans la société, les personnes qui font partie de notre existence sont aussi destinées à changer et à disparaître. Qui serez-vous sans elles ?

Si vous êtes comme la plupart des gens, vous allez découvrir que vous avez des degrés d'attachement différents pour des objets, croyances et rôles divers, et que ces degrés peuvent changer. Le seul fait de prendre conscience de ces attachements est une grande avancée pour leur faire lâcher leur pouvoir sur vous. Au moment où vous devenez conscient d'un attachement, il commence à perdre son emprise sur vous. Identifier vos attachements et imaginer leur effondrement vous donne l'occasion de voir votre Être, votre Moi authentique, libre de tout attachement – car, en dernier lieu, la vérité de qui vous êtes est bien plus grande que n'importe quel objet, rôle ou croyance.

* * *

Si l'on n'en prend pas conscience, notre domestication et nos attachements obscurcissent notre perception. Les reconnaître nous permet de faire se dégager le brouillard et de voir la vérité du moment présent. Dans le chapitre suivant, nous allons explorer la force qui donne leur pouvoir à la domestication et aux attachements, ainsi que la force dont se sert un Maître de Soi pour les éradiquer.

CHAPITRE 3

S'AIMER SOI-MÊME INCONDITIONNELLEMENT

Dans le Rêve de la Planète, il y a deux forces puissantes qui configurent nos accords, nos attachements et notre domestication. Dans la tradition toltèque, nous les appelons les deux sortes d'amour : l'amour inconditionnel et l'amour conditionnel.

Lorsque l'amour inconditionnel coule de notre cœur, c'est avec compassion que nous traversons la vie et entrons en relation avec les êtres. L'amour inconditionnel reconnaît la divinité en chacun des humains que nous rencontrons, indépendamment de son rôle dans l'existence ou de son adhésion à telle ou telle façon de penser. Un Maître de Soi voit tous les êtres à travers le regard de l'amour inconditionnel, sans projeter aucune image, sans aucune distorsion.

À l'opposé, l'amour conditionnel est le pivot de la domestication et de l'attachement. Il ne vous permet de voir que ce que vous voulez voir, et il vous fait domestiquer quiconque ne correspond pas à l'image que vous projetez. C'est l'outil de base dont on se sert pour subjuguer son entourage comme soi-même. Chaque forme de domestication peut être ramenée à : « Si tu fais cela, alors je vais te donner mon amour » et « Si tu ne fais pas cela, alors je vais te retirer mon amour » et « Si cela ne se passe pas comme ça, alors je vais en souffrir ». Le mot-clé de toutes ces affirmations, c'est « *si* » – qui n'a, vous le verrez, aucune place dans l'amour inconditionnel.

En construisant le Rêve de la Planète, nous avons le choix de nous aimer les uns les autres inconditionnellement ou conditionnellement. Lorsque nous nous aimons inconditionnellement, notre miroir est clair ; nous voyons les autres et nous-mêmes tels que nous sommes vraiment : de magnifiques expressions du Divin. Mais lorsque le brouillard de l'attachement et de la domestication voile notre perception et que nous mettons des conditions à notre amour, nous n'avons plus la capacité à voir la divinité dans les autres et en nous-mêmes. Et nous entrons en concurrence les uns avec les autres pour une denrée que nous prenons pour de l'amour véritable.

Fondamentalement, la domestication est un système de contrôle, et l'amour conditionnel est son outil de base. Par conséquent, c'est exactement au moment où vous commencez à vouloir contrôler les autres que vous mettez des conditions à votre amour et à votre acceptation de qui ils sont. Et, parce que vous ne pouvez donner que ce que vous avez, les conditions que vous essayez d'imposer aux autres sont les mêmes que celles que vous vous imposez.

Quand vous vous autodomestiquez, vous êtes en train d'essayer de contrôler vos actions en vous basant sur la honte, la culpabilité ou la récompense espérée plutôt que sur l'amour inconditionnel. Et, comme nous l'avons vu dans l'exemple de l'homme qui continue à manger même quand il n'a plus faim, ce n'est une façon ni saine ni heureuse de vivre.

L'amour inconditionnel est l'antidote à la domestication et à l'attachement, et se brancher sur son pouvoir est l'étape clé pour devenir Maître de Soi. Dans ce chapitre, nous allons voir ce qu'il en est de la pratique de l'amour inconditionnel, pour soi d'abord et avant tout, étant donné que l'on ne peut pas donner aux autres ce que l'on n'a pas.

LE PARASITE ET L'ALLIÉ

Dans la tradition toltèque, nous appelons le « narrateur » la voix que nous entendons dans notre mental, celle qui nous parle tout au long de la journée. Quand vous êtes en train de vous domestiquer vous-même, nous disons que le narrateur se comporte en parasite, en épuisant votre énergie par un discours intérieur négatif. La voix du parasite utilise vos croyances, formées par les domestications et les attachements, pour avoir du pouvoir sur vous en mettant des conditions à l'amour et à l'acceptation de vous-même. Le parasite vous garde prisonnier du brouillard, incapable de voir la vérité de qui vous êtes vraiment et le potentiel qui se trouve dans votre cœur.

Lorsque le commentaire que vous envoie cette voix intérieure vous incite à vivre, créer et aimer inconditionnellement, c'est un discours intérieur constructif ; dans la tradition toltèque, on dit que le narrateur agit alors en tant qu'allié, en vous aidant à naviguer dans le Rêve de la Planète de façon paisible et productive. Quand le narrateur est votre allié, il vous indique la vérité de chacune des situations que vous vivez, en vous rappelant que vous avez le contrôle de votre propre vie ainsi que l'aptitude à faire une différence positive dans le monde. Bien que l'allié ne soit encore qu'un reflet de la vérité, il est ce que vous voyez dans le miroir lorsque le brouillard s'est éclairci.

Si vous êtes comme la plupart des gens, le narrateur dans votre tête est en permanence en train d'alterner entre parasite et allié, avec parfois beaucoup d'allées et venues au cours d'une seule journée. Lorsque le narrateur devient parasite, le doute s'installe et on s'interroge sur les choix que l'on fait. L'inspiration et la créativité s'en vont et sont remplacées par le doute de soi et l'amour conditionnel de soi. Lorsque l'allié prend le dessus, on se sent confiant dans ses capacités, et le chuchotement qui se fait entendre dans l'esprit est joyeux.

Il est important de comprendre que ce n'est pas le Moi authentique qui s'exprime dans le parasite ou l'allié. L'Être authentique est le Divin, l'énergie ou l'esprit qui donne vie à votre corps et à votre esprit. Quand vous vous identifiez à la voix dans votre tête, vous confondez le narrateur avec qui vous êtes vraiment et, dans ce processus, vous devenez son esclave. Lorsque le narrateur parle en allié, on se sent heureux ; lorsque la voix du parasite prend le dessus, on devient triste ou déprimé. Mais en tant que Maître de Soi, on sait que ni l'un ni l'autre ne sont qui l'on est vraiment en définitive, car aucun ne représente la totalité du Soi authentique.

Il n'y a pas de mots qui puissent vraiment décrire ce pouvoir que vous êtes et, par conséquent, aucune voix dans votre tête n'est véritablement vous, en dépit de son insistance à vous faire croire le contraire. Je vous le dis encore : vous n'êtes pas vos pensées ! Il est important de s'en souvenir parce que, lorsque cette voix devient méchante et passe de l'allié au parasite, on peut reconnaître qu'il s'agit de quelque chose que l'on a appris d'une expérience enfouie de domestication et trouver l'assurance nécessaire pour se détacher de son discours. C'est ainsi qu'agit celui qui est Maître de Soi.

Vivre avec l'allié est de toute évidence bien plus agréable que vivre avec le parasite, et l'antidote pour repérer le parasite et s'en libérer, c'est d'avoir pour vous-même un amour inconditionnel à tout moment. Ce qui, bien sûr, est plus facile à dire qu'à faire. Les racines de la domestication et de l'attachement sont profondes, et le parasite s'en sert pour garder le contrôle de votre esprit. Certains d'entre vous ont écouté le parasite pendant si longtemps qu'ils ne peuvent plus se rendre compte que c'est la voix d'un discours avec lequel ils peuvent ne pas être d'accord. En acceptant ses conclusions comme des faits réels, ils ont limité leur potentiel. Pour déconstruire cela, on commence par apprendre à repérer les paroles négatives qui entrent dans son champ de conscience. Ainsi que mon père l'a enseigné dans *Les Quatre Accords toltèques*, il y a un grand pouvoir dans la parole, et un Maître de Soi n'utilise pas la parole contre lui-même.

REPÉRER LE PARASITE

Quand il est à l'œuvre en vous, le parasite se renforce en tournant votre attention et en la focalisant sur le discours négatif extérieur du Rêve de la Planète. Le discours négatif extérieur, c'est tout ce que vous pouvez entendre dans les conversations qui essaient de vous imposer l'amour conditionnel. Lorsque quelqu'un se sert du pouvoir de ses paroles pour essayer de vous subjuguer, ou qu'il emplit votre esprit de doute, cela peut, en retour, nourrir votre parasite intérieur. Ainsi, même une remarque un peu cavalière, qui pourrait sonner juste (mais qui, ici, a l'air de sonner faux), peut avoir un effet très puissant. « Jolie chemise ! » peut être dit de façon sarcastique. L'instant d'avant cette réflexion, vous étiez sans doute parfaitement heureux de votre chemise, mais, tout d'un coup, vous commencez à intérioriser la projection de l'autre personne, et le doute se glisse en vous. Votre voix intérieure devient négative et vous perdez confiance dans votre choix. Vous regardez comment vous êtes vêtu et vous pensez : « Il a raison – moi non plus, je n'aime pas vraiment cette chemise. » Voilà que vous vous jugez vous-même à partir de l'opinion de quelqu'un d'autre. La meilleure façon pour que quelqu'un contrôle votre volonté est de lui permettre de le faire, en doutant vous-même de votre propre capacité à faire votre propre choix. C'est la raison pour laquelle la domestication marche si bien !

Soyons clairs, cela ne veut pas dire que vous n'accueillez pas le point de vue des autres et n'écoutez pas les critiques constructives. La différence est dans l'intention. Lorsque vous avez conscience du pouvoir de la parole, vous êtes attentif à séparer les faits des opinions et, en Maître de Soi, vous décidez si l'opinion d'un autre est également vraie pour vous. Lorsque vous êtes dans la domestication, vous écoutez les opinions des autres et vous les considérez faussement comme des réalités, en les acceptant comme des vérités sans vraiment les examiner.

Le parasite se renforce aussi par le discours négatif intérieur. C'est ce qui se passe dans votre Rêve personnel lorsque vous parlez contre vous-même dans votre esprit, ce que l'on désigne communément par « se fustiger ». Dans la tradition toltèque, on comprend cela comme se servir de ce que dit le parasite comme condition pour s'aimer et s'accepter soi-même. C'est de l'intérieur de soi que provient cette négativité. Par exemple, en vous regardant dans le miroir, vous trouvez que vous êtes dans un mauvais jour, que votre pantalon est trop serré, ou vous voyez quelque autre trait physique qui ne va pas. Il se peut que votre voix intérieure vous dise que vous n'avez pas l'air terrible, et que vous n'allez impressionner personne quand vous sortirez.

Si vous n'avez pas conscience de la façon dont vous vous parlez à vous-même, vous pouvez partir en vrille, et le simple fait de vous être levé du mauvais pied peut se transformer en une tirade de jugements négatifs sur vous-même, où vous vous trouvez laid, gros, nul, etc. À ce moment-là, le parasite a une totale emprise sur votre attention et il vous a plongé au cœur du brouillard, en retournant contre vous le pouvoir de votre parole. S'il n'est pas identifié comme tel, le discours négatif, qu'il soit extérieur ou intérieur, peut inhiber celui de votre intention et vous plonger encore plus dans le brouillard. Si vous acceptez ce discours négatif comme un fait réel, sans faire la séparation entre vérité et point de vue, il peut en arriver à faire partie intégrante de votre histoire personnelle, en laissant la plupart du temps les commandes au parasite et, par conséquent, en limitant ce que vous croyez être et ce dont vous vous pensez capable.

Un Maître de Soi sait débusquer la voix du parasite et la déloger, et il arrive à transformer cette voix en celle d'un allié. Agir ainsi commence par prendre l'engagement de s'aimer inconditionnellement. Cela veut dire que vous en venez à désirer aimer chacun des aspects de vous-même, sans jugement ni conditions – en particulier ceux que souvent vous souhaiteriez différents. L'amour inconditionnel réside en chacun de nous, indépendamment de ce que nous avons vécu dans le passé et de nos domestications.

Nous allons examiner quelques-unes des façons spécifiques de vous donner de l'amour inconditionnel. Mais avant cela, éclaircissons ce qui ne fonctionne pas. Sachez d'abord que le parasite ne peut pas se vaincre lui-même ! En d'autres termes, un discours négatif sur soi ne peut pas être éradiqué par davantage de discours négatif. Par exemple, lors de mes ateliers et conférences, des gens venaient me voir avant avec un air consterné pour me dire quelque chose du genre : « Je me déçois vraiment. Je ne peux pas croire que j'ai suivi la voie toltèque pendant des années et que je continue à prendre les choses personnellement. »

Il y a implicitement dans ce commentaire l'idée que la personne qui parle a échoué dans sa pratique, et l'on peut entendre en coulisse la voix sournoise du parasite. Quand ce genre d'affirmation bénéficie du regard de l'amour inconditionnel, la personne vient à moi plutôt avec un sourire, et elle me dit : « Vous savez, j'ai suivi la voie toltèque pendant des années, mais j'observe qu'il y a encore des choses que je prends parfois personnellement. Je fais de mon mieux, mais peut-être avez-vous des idées sur la façon de venir à bout de cet obstacle ? » La différence est sensible, car c'est l'allié qui parle et non pas le parasite.

L'allié parle à partir d'un endroit d'amour inconditionnel en soi, alors que le parasite parle à partir d'un endroit d'amour conditionnel. Étant donné que le discours négatif sur soi est basé sur l'amour conditionnel, toute tentative pour transformer le parasite avec davantage de discours négatif sur soi est une façon subtile qu'a le parasite d'arriver à se renforcer. La clé pour faire du parasite un allié est de donner de l'amour inconditionnel à tout ce que vous êtes – y compris le parasite. Lorsque vous nourrissez le parasite d'amour inconditionnel, vous le transformez en allié, en vous servant du pouvoir de votre parole pour changer votre esprit et votre vie.

Le Rêve de la Planète est un monde de polarités, où une chose n'est connue que dans sa relation à son opposé. La lumière se définit en relation à l'obscurité, le haut par rapport au bas, la nuit par rapport au jour, etc. Sans l'un, il n'y aurait pas l'autre. Quand il s'agit de points de vue subjectifs, comme chaud et froid, grand et petit, bon et mauvais, les affirmations se basent sur notre perception, car ce qui est considéré comme bon par une personne peut être ressenti et compris comme mauvais par une autre. J'ai conscience que, lorsque je dis quelque chose, je suis en même temps dans le vrai et dans le faux parce que la perception de l'individu qui m'écoute va déterminer la validité de ce que je dis selon son point de vue à lui – et il est libre de ses idées. Je célèbre cela. Et donc, je suis uniquement responsable de la clarté et de l'intégrité de ce que je dis, et non de ce que les autres entendent et ressentent, parce que je ne contrôle pas les perceptions des autres. Tel est le formidable pouvoir de notre esprit, véhiculé dans la parole – nous nous servons de la parole pour exprimer ce pouvoir.

Le Maître de Soi reconnaît le pouvoir de la parole et il sait que le moindre jugement que prononce le parasite peut être transformé et utilisé par l'allié. Opérer le renversement pour qu'il en soit ainsi est l'amour inconditionnel de soi en action. Alors que beaucoup de personnes choisissent d'écouter et de se concentrer sur la voix du parasite en elles, il est de la plus grande importance pour vous d'entraîner votre esprit à voir les choses à travers le regard de l'allié. Il n'y a pas de meilleur endroit pour cela que de le faire dans votre propre histoire personnelle.

Mon amie et partenaire d'enseignement, Heather Ash Amara, donne un magnifique exemple dans son livre, *Warrior Goddess Training*, de la façon dont elle a transformé, en conscience, son narrateur de parasite en allié. Voici le point de vue du parasite, par lequel elle a commencé :

> *« J'ai été traumatisée dans mon enfance par les multiples déménagements de ma famille. À l'âge de seize ans, j'étais allée dans huit écoles différentes et j'avais vécu dans quatre pays : Singapour, Hong Kong, les États-Unis et la Thaïlande. Nous déménagions tous les deux ans ou presque. Je démarrais ma scolarité dans chaque nouvelle école en me sentant d'une timidité maladive, déconnectée et seule. La deuxième année, je m'étais fait des amis et j'avais trouvé mes marques, mais c'est alors que nous déménagions à nouveau et*

le cycle recommençait. Du fait de ces répétitions, je me suis éloignée de mes amis, j'ai du mal à entrer intimement en contact avec les autres et j'ai peur d'être abandonnée.

Chaque fois que je racontais ainsi mon histoire, cela me déprimait. Pas vous ?»

Après qu'HeatherAsh a commencé son apprentissage avec mon père, elle s'est mise à voir et à raconter son histoire à travers le regard de l'allié. Observez le changement de point de vue, basé sur les mêmes faits :

«J'ai eu le bonheur d'être enfant dans une famille aventureuse. Nous avons déménagé tous les deux ans et j'ai voyagé autour du monde chaque été. Dans mon enfance, je suis allée dans des grandes écoles internationales de l'Asie du Sud-Est et, arrivée à l'âge de seize ans, j'avais visité avec ma famille vingt pays différents, dont la Thaïlande, Singapour, l'Inde, l'Égypte, l'Italie et l'Espagne, ou j'y avais vécu. Du fait de nos nombreux déménagements et voyages, j'ai appris à m'adapter de façon incroyable et à aimer profondément la diversité et la créativité humaines. Les expériences de mon enfance m'ont aidée à être en relation avec des points de vue différents, à me faire facilement des amis et à célébrer le changement.

Chaque fois que je raconte cette nouvelle version, ma nouvelle histoire, j'éprouve un sentiment d'aventure et tout plein de gratitude.»

Comme vous le voyez, les faits restent les mêmes, mais l'histoire est absolument différente. Voyez-vous le pouvoir de la perception ?

Les exercices qui suivent vont vous aider à pratiquer la transformation de votre parasite en allié.

* * *

Lâcher le jugement

Regardez-vous dans le miroir et remarquez tous les jugements sur vous-même qui s'élèvent dans les quelques instants qui suivent. Est-ce qu'une voix à l'intérieur de vous dit que votre nez est trop gros ? trop petit ? Aimez-vous votre taille ? votre teint ? Prenez un moment pour écouter ces jugements. Vos émotions vont vous montrer ceux qui vous affectent le plus, car plus votre sentiment négatif est fort, plus vous êtes attaché au jugement correspondant.

Écrivez sur une feuille de papier les jugements qui suscitent en vous la plus forte réaction émotionnelle. Il est très important que vous les posiez par écrit (vous allez comprendre pourquoi dans un instant). Ensuite, prenez un moment pour vous souvenir des nombreuses circonstances au cours desquelles vous vous êtes servi de chacun de ces jugements contre vous-même. Peut-être cette pensée s'est-elle continuellement répétée dans votre esprit pendant des années.

Vous pouvez maintenant chercher ce qui est à la source de ce jugement et identifier la façon dont il affecte votre façon d'agir dans le Rêve de la Planète. L'ayant formulé, écrivez vos réponses aux questions suivantes :

- Est-ce un jugement que vous avez appris ou repris de quelqu'un d'autre ?
- Avez-vous répété à d'autres ce jugement sur vous-même ?
- Comment ce jugement a-t-il configuré votre façon d'agir ? Vous êtes-vous privé d'opportunités ou avez-vous refusé de prendre des risques à cause de cela ?

Lisez vos réponses et posez-vous alors cette très importante question :

- Voulez-vous encore laisser ce jugement contrôler votre vie ?

Si, après avoir lu toutes vos réponses, vous répondez oui à la dernière question, il s'agit d'un attachement qui fait à présent partie de votre identité. Il a façonné qui vous êtes, et vous n'êtes pas prêt de le laisser partir. C'est bien, si c'est vraiment ce que vous voulez. Mais peut-être reviendrez-vous là-dessus par la suite pour découvrir que vous n'avez plus besoin de cette croyance !

Si vous avez répondu non à cette dernière question, alors vous pouvez voir le jugement écrit comme quelque chose qui ne fait pas partie de vous : c'est un simple morceau de papier avec des mots dessus, rien de plus. Comprenez que ce jugement n'est là devant vous que parce que vous avez implicitement toujours été d'accord avec lui. Le temps est venu à présent de le lâcher, et le premier pas est de vous pardonner à vous-même de l'avoir utilisé si longtemps contre vous.

Lorsque vous êtes prêt à abandonner ce jugement, affirmez à voix haute ce qui suit :

> *« Moi, ______________, je me suis servi de mon discours intérieur négatif pour me soumettre à l'amour conditionnel. Je me pardonne d'avoir agi ainsi et à présent je vais laisser partir cette fausse croyance. »*

Froissez le papier en boule et jetez-le à la poubelle. C'est un acte sacré de laisser partir cette fausse croyance parce que vous n'y croyez plus. Rappelez-vous que les croyances n'existent pas « quelque part » dans le monde, à l'extérieur de vous. Elles n'existent que dans votre esprit et seulement aussi longtemps que vous continuez à y croire.

Chaque fois que vous vous rendez compte que vous revenez à des autojugements sur ce même sujet, répétez à nouveau cette affirmation de pardon. Agir ainsi est l'acte qui vous donne à vous-même de l'amour inconditionnel. Vous avez déjà payé le prix pour cet autojugement ; vous n'avez pas besoin de continuer à le faire. Ainsi que le dit mon père : la vraie justice, c'est de payer une fois pour quelque chose ; l'injustice, c'est de payer encore et encore. Par le pardon à soi, on peut se relever et repartir en étant neuf. Le pardon à soi-même est toujours la clé, et l'amour inconditionnel vous en donne la possibilité. Répétez cet exercice dès que vous y êtes prêt, en considérant chacun des jugements dont vous avez fait la liste au début.

* * *

Qualifier autrement ses expériences

Quelles histoires traînez-vous sur les événements de votre passé ? Évoquez-vous ces histoires en ayant le regard de votre parasite ou celui de votre allié ? Pensez à l'histoire de votre vie pendant un moment. Quels en sont les principaux éléments ?

Comment vous la racontez-vous à vous-même et aux autres? Observez les endroits dans votre histoire dont vous parlez souvent avec le regard du parasite et écrivez ce passage de votre histoire.

Ensuite, réécrivez ce même passage, mais cette fois avec le regard de votre allié. (Reportez-vous à l'extrait de mon amie HeatherAsh Amara, donné à titre d'exemple un peu plus haut dans ce chapitre.) Si vous êtes comme la plupart des personnes, vous allez découvrir qu'il est souvent plus facile d'écrire avec le regard du parasite plutôt que celui de l'allié, ce qui prouve le pouvoir que la domestication, l'attachement et l'amour conditionnel ont sur vous. Écrire à partir du point de vue de l'allié peut être plus difficile, mais situer dans ce cadre nouveau les événements de votre vie vous permet de voir les cadeaux de chaque expérience du passé.

* * *

Au final, nos narrateurs ne sont rien d'autre que des conteurs. Ils nous racontent des histoires sur les événements de notre vie et ils les interprètent de façon positive ou négative, tout dépend de l'aspect qui est aux commandes. Un Maître de Soi voit les événements de la vie à travers le regard de l'allié plutôt que celui du parasite, car agir ainsi est une façon d'exprimer l'amour de soi inconditionnel ; il est en votre pouvoir d'orienter et de réorienter votre attention vers et à partir d'autres points de concentration. Une fois que vous avez de l'amour inconditionnel pour vous-même, vous pouvez l'offrir aux autres. C'est là le sujet du prochain chapitre.

CHAPITRE 4
AIMER LES AUTRES INCONDITIONNELLEMENT

En tant que Maître de Soi, lorsque je regarde quelqu'un dans les yeux, je vois un autre Être authentique, une magnifique expression du Divin. Peu importe où en est cette personne dans son processus d'éveil, j'estime que l'intention qui l'anime est tout aussi respectable et puissante que la mienne. Se comporter ainsi est un acte d'amour inconditionnel. Si j'essayais de contrôler l'autre, je serais perdu dans le brouillard : je mettrais des conditions à mon amour et mon acceptation de cette personne.

Si vous voyez le monde à travers le regard de l'amour conditionnel, vous êtes par définition en train d'essayer de contrôler les autres en leur imposant votre volonté pour qu'ils se conforment à la définition de qui ou de comment vous pensez qu'ils devraient être. S'ils n'adhèrent pas à vos demandes, ils seront sanctionnés par votre jugement. Tel est, en bref, l'amour conditionnel. Mais rappelez-vous qu'à chaque fois que vous jugez quelqu'un, vous blâmez cette personne de ne pas suivre des accords auxquels elle n'a jamais adhéré !

Lorsqu'on revoit les événements de sa vie, on peut se rendre compte que beaucoup des batailles relationnelles que l'on pensait mener pour défendre sa liberté personnelle étaient en réalité des batailles pour savoir qui allait domestiquer l'autre. Et à chacun de nos moments de colère, de révolte, d'indignation ou toute autre émotion négative en réaction au comportement de quelqu'un d'autre, on a fait exister un rêve où il y a des méchants et des victimes, et on s'est trouvé pris une fois de plus dans le drame de la fête.

Vous percevoir comme la victime et l'autre comme le méchant ne vous permet pas de voir qui est véritablement devant vous : vous ne voyez pas son histoire, son passé, ses chagrins, ni comment tout cela a impacté sa vie et contribué à façonner la personne à qui vous êtes en train de parler. Tout ce que vous êtes capable de voir à travers le brouillard de la domestication, c'est que la personne à qui vous avez donné le rôle du méchant dans votre histoire ne vit pas selon les valeurs que vous pensez qu'il faudrait respecter.

Mais lorsque vous voyez l'autre avec le regard de l'amour inconditionnel, vous êtes alors capable de voir clairement qui vous avez en face de vous : un être vivant qui essaie de survivre et de trouver à se développer dans un monde rempli de domestication et d'amour conditionnel. L'amour inconditionnel vous permet de ne pas être d'accord avec ses choix ou croyances, tout en respectant son droit à faire de tels choix et à y croire.

La pratique de l'amour inconditionnel est l'art du Maître de Soi. Une fois que vous avez reconnu, lâché et pardonné les jugements contre vous-même issus de votre propre domestication, vous pouvez alors reconnaître et pardonner aux autres qui agissent aussi à partir de leur domestication. La personne qui vous fait face a été domestiquée, et, à présent, elle veut vous transmettre cette domestication parce que c'est tout ce qu'elle connaît. Cependant, elle ne peut pas vous y soumettre si vous ne le lui permettez pas.

Pour beaucoup d'entre nous, cela peut être un extraordinaire défi de voir sa famille à travers le regard de l'amour inconditionnel, parce que c'est là que les racines de la domestication sont les plus profondes. Ce sont souvent les blessures qui vous viennent de votre famille qui vous font le plus mal – mais, si elles vous font si mal, c'est parce que vous aimez votre famille. Cet amour profond est également ce qui va vous aider à pardonner et à guérir.

Avec votre famille, ceux dont la domestication éventuelle peut avoir la plus grande influence sur vous, ce sont probablement vos amis et collègues. Il s'agit de personnes que vous avez voulu impressionner, ou à qui vous avez voulu ressembler, aussi essayez-vous souvent d'adapter votre comportement à ce qui est pour eux acceptable. Et, bien sûr, vous leur demandez sans doute de faire la même chose en retour. Cela ne veut pas dire qu'il n'y ait pas aussi de véritable amour entre vous, mais, du fait que vous venez tous de foyers pétris de domestication, c'est tout ce que vous connaissez, et vous transférez ces pratiques dans vos relations.

Il arrive un moment dans sa vie où l'on se réveille du Rêve et où l'on commence à choisir des amis qui nous acceptent, nous encouragent à grandir et nous soutiennent – et nous avons aussi le désir de faire la même chose pour eux. Mais si nous continuons à ne pas reconnaître où et comment la domestication nous influence, et ne travaillons pas à la repérer et à la lâcher lorsqu'elle se manifeste, les mêmes schémas vont se répéter avec nos nouvelles amitiés : nous allons finir par y mettre des conditions pour que nos relations correspondent à notre nouveau modèle, aussi « éclairés » que nous croyions être. Par exemple, je vais parfois entendre des commentaires dans les cercles toltèques du genre : « Cette personne n'est pas un bon Toltèque » ou bien « Elle n'a pas une parole impeccable ». Dans ces deux exemples, vous pouvez entendre comment ce qui était un outil d'illumination est devenu une source de jugement, de contrôle et de domestication.

Dans toutes nos relations, mais en particulier avec nos amis et notre famille, où les racines de la domestication plongent au plus profond, notre travail est de prendre conscience qu'il est toujours possible de nous retrouver une nouvelle fois harponnés dans le drame de la fête et aveuglés par le brouillard. La clé pour éviter cela est de nous rappeler continuellement d'agir depuis un endroit en nous d'amour inconditionnel. C'est plus facile à dire qu'à faire, surtout lorsque les racines de la domestication sont bien profondes, mais il y a un moyen de le faire, il y a une voie.

CRÉER LA PAIX DANS LE RÊVE DE LA PLANÈTE

Si vous vous trouvez en désaccord avec quelqu'un et que vous sentez que vous êtes en train de vous énerver, il vous faut prendre une décision sur ce que vous allez faire ou dire. Avant de parler ou d'agir à votre tour, posez-vous cette question : est-ce que ce que je vais dire ou faire vient d'un endroit en moi d'amour conditionnel ou inconditionnel ? En d'autres termes, est-ce que votre amour et acceptation de la personne que vous avez en face de vous est conditionné d'une façon ou d'une autre par son entente avec vous ou son adhésion à ce que vous souhaitez ? Si oui, cela vous alerte sur le fait que vous êtes sous l'emprise de votre domestication et de vos attachements et qu'à présent vous essayez de domestiquer l'autre à votre point de vue. Mais si votre réponse provient de l'amour inconditionnel, par définition votre réaction va montrer du respect pour l'autre, même si au final vous n'êtes pas d'accord avec sa façon de voir les choses ou d'agir. Le respect mutuel est la clé qui permet que la paix véritable ait lieu dans le Rêve de la Planète. Ce respect permet aussi à chacun de connaître les bénéfices et conséquences de ses propres choix et actes.

Avec la domination de l'amour conditionnel dans le Rêve de la Planète, ce sont des semblants de paix et d'harmonie qui se produisent à travers la force : en fait, une personne ou plusieurs subjuguent la volonté des autres. Les gouvernements sont bien connus pour ce type de comportement et l'histoire est jonchée d'exemples où un groupe contrôle les autres grâce à la croyance que « la force fait loi ». Mais cela se passe aussi dans les relations personnelles, lorsque quelqu'un use de sa position de pouvoir pour contrôler le comportement d'un autre. Les gens finissent toujours par se rebeller contre la soumission et ils se battront pour récupérer leur libre arbitre. Étant donné que notre véritable nature est la liberté, nous lutterons toujours pour elle – même si notre vision est obscurcie par le brouillard.

Le problème est que, si des personnes se battent pour la liberté sans avoir d'abord levé leurs propres brouillards, c'est-à-dire résolu leurs domestications et attachements, ces mêmes personnes qui ont conquis leur liberté en s'émancipant d'un oppresseur vont finalement remplacer les caractéristiques de la situation précédente par les leurs : elles vont à leur tour essayer d'assujettir leur entourage à ce qui correspond à leur propre vision de paix et d'harmonie. Ce cycle où l'on vit la subjugation qu'on impose à son tour à d'autres s'est produit pendant des milliers d'années dans le Rêve de la Planète. C'est de cette façon que commencent les guerres, qu'elles finissent, et qu'elles recommencent, et cela est vrai, qu'il s'agisse d'une bagarre de rue ou d'un conflit international : l'un comme l'autre trouvent leur terrain dans le désir qu'a un côté de soumettre l'autre, avec au fond la croyance qu'a celui qui subjugue que sa façon de faire et de voir est « la bonne » ! Tel est le cycle que l'amour conditionnel ne cesse d'engendrer.

La paix et l'harmonie amenées par un point de vue d'amour inconditionnel sont un engagement entre égaux, qui se servent de leurs connaissances et de leurs prises de conscience pour cocréer un rêve dont la diversité reflète le libre arbitre de tous les individus vivants. Comme dans la fête où vous êtes la seule personne sobre, vous ne pouvez attendre des autres qu'ils soient tous également sobres, ni vouloir qu'ils s'éveillent. Et vous ne pouvez pas non plus faire qu'ils y arrivent… Essayer d'éveiller quelqu'un contre sa volonté, c'est essayer de le soumettre à vos idées.

Alors, comment s'engager dans la vie depuis un endroit en soi d'amour inconditionnel ? Comment aider sincèrement les autres à s'éveiller sans les assujettir ? Prendre un moment pour y réfléchir et discerner vos véritables motivations n'est pas toujours facile, surtout lorsque vous êtes dans le feu de l'action et que le drame de la fête essaie de vous harponner pour vous amener à nouveau à croire que le Rêve est réel. De plus, le mouvement qui naît d'un endroit d'amour inconditionnel plutôt que conditionnel peut impliquer de faire ou dire quelque chose que l'autre n'aime pas. Mais dire ce qui est vrai pour soi depuis un endroit d'amour et de respect, c'est là la Maîtrise de Soi en action.

C'est en de tels moments que je me souviens de quelque chose que mon père m'a enseigné : « Je suis responsable de ce que je dis, mais je ne suis pas responsable de ce que vous entendez. » Je suis responsable jusqu'au bout des ongles, mais pas plus, et la façon dont quelqu'un réagit à ce que je dis ne m'appartient pas. Bien sûr, cela ne veut pas dire que nous ayons toute liberté de dire ou faire quelque chose de malveillant ou d'intentionnellement blessant (être prévenant envers les autres est aussi un choix qui nous est donné), mais il est vrai que lorsque nous brisons les chaînes de notre domestication, ce changement peut être dur à vivre pour ceux qui nous ont domestiqués et ceux qui essaient de nous domestiquer à faire comme eux – surtout au début.

Ce qui est véritablement important, c'est notre intention. Lorsque notre mouvement provient d'un endroit d'amour inconditionnel, nous sommes assurés que, quelle que soit notre action, elle est juste, et nous savons que l'issue de la situation n'est pas en notre contrôle. Nous faisons de notre mieux, en lâchant notre attachement à un résultat. Cela peut être difficile au début, et même un peu effrayant. Mais s'engager dans l'action à partir d'un endroit d'amour inconditionnel en soi allège l'angoisse, car nous savons que nos actes, et ceux qui suivront, se manifestent à partir d'un endroit d'authenticité pour notre être véritable.

TRIOMPHER DU RESSENTIMENT ET PARDONNER AUX AUTRES

Lorsque vous revoyez les croyances, idées et critères selon lesquels vous avez essayé de vivre, vous vous rendez compte que, bien souvent, ils proviennent de la domestication que vous avez subie dans le passé. Comprendre cela peut être très dérangeant pour certains d'entre vous, selon le niveau de soumission qu'ils ont vécu en grandissant. Si ceux qui avaient du pouvoir vous ont infligé leur volonté par la force ou la manipulation, surtout si leur subjugation était sévère, violente et même extrême, il peut être très difficile – et presque impossible dans certains cas – d'avoir le regard de l'amour inconditionnel. Même ceux qui n'ont pas vécu d'expérience de domestication particulièrement traumatisante éprouvent presque tous de la colère ou de l'amertume pour des incidents qui ont eu lieu dans les années où leur personnalité s'est formée.

Les ressentiments qui trouvent leur terrain sur la domestication passée font partie des plus gros obstacles à un regard d'amour inconditionnel. Le mot anglais pour « ressentiment », *resentment*, vient du français, où il signifie littéralement : « sentir à nouveau ». L'un des bénéfices majeurs du présent travail est que vous ne laisserez plus aucun conditionnement ni aucune expérience du passé vous contrôler désormais. Par définition, si vous gardez un ressentiment, vous êtes esclave du passé. Quelque chose qui s'est produit, qui a déjà eu lieu, continue à agir en vous, vous causant de la souffrance dans le présent puisque vous continuez à le sentir à nouveau, encore. C'est là ce qu'est le ressentiment : une souffrance que nous nous infligeons à nous-mêmes avec le poison émotionnel que nous souhaiterions à un autre.

La colère, le ressentiment et la rancune sont les outils dont le parasite se sert pour se renforcer et prendre le contrôle de votre esprit, et, là encore, ses méthodes sont très sournoises. En effet, lorsque le parasite vous montre précisément comment vous avez été maltraité par tel ou tel autre, la solution qu'il vous offre alors est d'activer les émotions négatives de colère, de tristesse, d'amertume, etc. Au mieux, il vous encourage à retirer votre amour à ceux qui vous ont blessé, et, au pire, à leur rendre les coups pour vous venger. Le parasite va toujours accéder aux outils de l'amour conditionnel, et, pour finir, il n'arrivera rien de bon en les employant. Au contraire, vous vous trouverez à nouveau perdu dans le brouillard et votre Rêve sera ligoté par une histoire de victimes et de méchants.

L'amour inconditionnel et le pardon pour votre domestication sont la façon de vous en sortir. C'est peut-être l'une des tâches les plus difficiles que vous ayez à accomplir, aussi soyez doux envers vous-même en vous embarquant dans cette voie, surtout si vous avez grandement souffert des agissements d'autres personnes contre vous.

De plus, pour pouvoir pardonner à ceux qui vous ont fait du mal, vous devez aussi vous pardonner à vous-même. C'est à cause de cela que beaucoup d'entre nous, lorsqu'ils regardent vraiment leurs expériences passées de domestication, se découvrent en colère contre eux-mêmes soit pour être restés dans ces situations, soit pour ne pas avoir fait davantage pour s'en libérer. Si c'est votre cas, n'oubliez pas de vous pardonner à vous-même aussi. Vous avez fait de votre mieux à l'époque ; il n'y a pas lieu de vous en vouloir.

Se respecter soi-même veut aussi dire être honnête envers soi. Si vous n'êtes pas prêt à pardonner, c'est là votre vérité. N'allez pas vous infliger une soumission avec des «je dois». Si vous n'y êtes pas prêt, vous n'y êtes pas prêt; et vous accepter vous-même dans votre vérité, c'est pratiquer l'amour inconditionnel. Après tout, il s'agit de briser le cycle de la domestication. Prenez le temps de vous sentir prêt à guérir, si c'est ce que vous préférez. Le pardon est l'étape finale de guérison d'une blessure.

Pratiquer un rituel de pardon peut vous aider à nettoyer les vieilles émotions qui vous emprisonnent dans une souffrance du passé (c'est ce que nous allons faire dans les exercices suivants), et nombre des magnifiques traditions spirituelles nous offrent de merveilleuses prières ainsi que d'autres pratiques pour le faire. Dans la tradition toltèque, nous préconisons aussi une autre façon d'avancer pour voir au-delà des histoires de méchants et de victimes et entrer dans le pouvoir de guérison du pardon. La clé se trouve au cœur du troisième accord selon l'enseignement de mon père: ne prenez pas les choses personnellement.

Lorsque vous mettez cet accord en pratique dans toutes ses implications, vous vous rendez compte que rien de ce que peut faire l'autre n'est à cause de vous. Ce n'est jamais personnel, même si l'autre essaie de le faire valoir, mais c'est simplement que vous vous tenez dans la zone qui est dans son collimateur. Vous en rendre compte vous permet de lâcher prise plus facilement sur le passé et d'accueillir la vérité des moments que vous avez vécus: ceux qui vous ont domestiqué ont fait du mieux qu'ils pouvaient, compte tenu de leur niveau de conscience de l'époque.

Lorsque vous réfléchissez profondément à cet accord, le pardon devient bien plus facile parce que vous comprenez que les actions des autres les concernaient, eux et leurs souffrances, leurs attachements et leurs domestications, et vous voyez qu'ils étaient perdus dans le brouillard, ivres à la fête, ce qui a fait qu'ils n'avaient pas la faculté d'agir autrement. Respectez-les et permettez-leur de faire l'expérience des conséquences de leurs actes. Pour chaque action, il y a une réaction opposée égale. C'est la façon dont la vie nous enseigne. À la lumière de cette vérité, nous pouvons mieux saisir le sens de cette parole de Jésus : « Père, pardonne-leur, car ils ne savent pas ce qu'ils font. » (Luc XXIII, 34).

Si vous avez voilé votre Rêve personnel de ressentiments, la première étape pour changer cela est d'en devenir conscient. Une fois que vous voyez ce qu'il en est vraiment, l'étape suivante pour tourner la page est le pardon. Faire cela vous permet de vous brancher sur le pouvoir de l'amour inconditionnel pour les autres. Les exercices suivants vont vous aider à vous engager plus profondément dans ce processus.

* * *

Rituel de pardon

Sur une feuille de papier, faites la liste de ceux par qui vous vous êtes senti maltraité dans le passé et à qui vous n'avez pas encore pardonné. Cette liste peut inclure des membres de votre famille, des amis, des collègues, des relations ou autres. Relisez la liste de ces noms et pensez brièvement aux incidents qui se sont passés.

Ensuite, lisez l'affirmation suivante à voix haute :

> *« Moi, ________________, je suis prêt à pardonner à ceux qui m'ont infligé chagrin et souffrance dans le passé. Je choisis de leur pardonner pour que leurs actions du passé ne puissent plus affecter mon présent. Mon souhait est de les voir avec le regard de l'amour inconditionnel. Je me pardonne aussi à moi-même pour tout ce qui est en relation avec ces événements. Je faisais de mon mieux à l'époque. Je prie pour que ces personnes et moi-même fassions désormais uniquement l'expérience de l'amour et de la paix. »*

Exactement comme vous l'avez fait dans le chapitre précédent, lorsque vous vous êtes pardonné à vous-même, je veux que vous preniez la feuille, que vous la froissiez et la jetiez. En faisant cela, visualisez que tous les sentiments négatifs que vous avez sur ces personnes et événements vont également à la poubelle.

Ce rituel simple est le début du remplacement de vos ressentiments par de l'amour inconditionnel envers ceux qui vous ont fait souffrir. Cela dit, lorsque la douleur que vous ont infligée les autres est extrême, un acte de pardon peut rarement se faire en une seule fois. Par conséquent, vous aurez vraisemblablement besoin de répéter l'affirmation mentionnée ci-dessus chaque fois que les événements de votre passé vont se rejouer dans votre esprit et que vous les sentirez à nouveau en vous, car le parasite essaie de vous faire redescendre sur la voie de la négativité et de l'amour conditionnel.

S'il y a quelqu'un dans cette liste à qui il vous est particulièrement difficile de pardonner, dites la prière ci-dessous tous les soirs avant d'aller vous coucher, en y insérant le nom de la personne ou des personnes à qui vous aimeriez pardonner :

> *« Je prie pour que ____________________ reçoive tout ce qu'il veut dans la vie, y compris l'expérience de l'amour inconditionnel, de la paix, et du bonheur. »*

Il est probable que de lire cela va en hérisser certains puisque cette prière, qui demande que les personnes qui vous ont fait du mal reçoivent tout ce qu'elles veulent, est peut-être à l'opposé de ce que vous leur souhaitez dans votre esprit. Je comprends ce sentiment, mais je voudrais vous encourager à donner sa chance à cette prière, et à la répéter tous les soirs pendant deux semaines, même si prononcer ces paroles ne vous semble pas sincère. Beaucoup de ceux qui ont fait cet exercice régulièrement pendant deux semaines ont été très surpris des changements qui se sont produits en eux.

Souvenez-vous, pardonner aux autres est quelque chose que vous faites pour vous-même, pas pour eux. Le pardon ne signifie pas que vous oubliez les événements du passé, ni que vous fermez les yeux sur les actes ; mais c'est plutôt que le pardon vous émancipe de leur emprise en vous rappelant que vous êtes seulement responsable de vous – et jusqu'au bout des ongles. L'exercice qui termine ce chapitre va vous aider à continuer sur le chemin du pardon.

* * *

LE DIALOGUE DU PARDON

1re PARTIE

Cet exercice se compose de deux parties écrites, chacune d'environ un paragraphe. Pour commencer, je voudrais que vous regardiez dans votre passé pour y trouver un événement ou une situation où vous avez vécu une souffrance importante infligée par quelqu'un d'autre. Pensez à une époque où quelqu'un a essayé ou réussi à vous domestiquer en vous faisant subir sa volonté d'une façon très dure ou violente. Il peut s'agit d'un événement majeur dans votre vie qui a fait basculer votre Rêve personnel, changé votre façon de voir les autres, sans doute en rendant évidents leurs défauts, et qui a fini par devenir un épisode déterminant dans votre histoire personnelle. Beaucoup de personnes ont vécu quelque chose de ce genre, vraisemblablement pendant leurs années de formation, mais il peut s'agir aussi de quelque chose qui s'est passé à l'âge adulte.

Décrivez cet événement en détail comme si vous le racontiez à quelqu'un qui n'en a absolument pas connaissance. Prenez votre temps et rejouez tous les détails de la scène dans votre esprit en revoyant cet épisode, pour vous souvenir de ce qui s'est passé et de ce que vous éprouviez. Et voici la partie importante : écrivez selon votre point de vue de l'époque, et non pas selon ce que vous êtes maintenant. Soyez direct et, quand vous racontez l'épisode, laissez venir vos sentiments ; ne réécrivez pas comme si vous saviez ce qui est bien et ce qui ne l'est pas, ou en essayant de pardonner. Rappelez-vous que cet exercice est pour vous et que, sauf si vous avez choisi de partager votre récit avec quelqu'un d'autre, vous serez la seule personne qui le verra jamais.

Voici un exemple, écrit par un ami proche :

« Une nuit, alors que j'avais neuf ans et que j'étais chez moi en train de regarder la télé, j'ai entendu mes parents qui commençaient à se disputer dans l'autre pièce. Je les avais déjà entendus se disputer, mais, ce soir-là, cela semblait différent. Ma mère est venue vers moi et elle m'a dit d'aller dans ma chambre et de fermer ma porte – ce qui était habituel. J'ai fait ce qu'elle m'a dit et je me suis assis, craintif et silencieux dans ma chambre, en écoutant à travers les fines parois leurs cris de plus en plus forts. Et puis j'ai entendu quelque chose que je n'oublierai jamais : ma mère a poussé un hurlement à vous glacer le sang, et puis plus rien, un silence sinistre. J'étais glacé de terreur, je voulais sortir de ma chambre, mais j'avais peur de ce que j'allais trouver si je le faisais.

J'ai ouvert la porte et j'ai pris le couloir qui menait à leur chambre. Mon père était assis tout seul sur le divan, et, en me voyant, il m'a dit : "Ta mère s'est sauvée de la maison. Va voir dehors si tu la trouves." Je me souviens qu'il m'effrayait et qu'en même temps j'étais en colère contre lui, mais mon souci principal, c'était ma mère. Je suis sorti pour la chercher. Il faisait sombre et j'avais peur. J'ai scruté l'obscurité en l'appelant, mais elle ne répondait pas. Puis j'ai remarqué que le porche de la maison des voisins était éclairé.

En me dirigeant vers le porche, j'entendais des voix et ma mère qui sanglotait. Je lui ai demandé ce qui s'était passé, mais dans mon cœur je le savais déjà : "Ton père m'a frappée", m'a-t-elle dit, "il me bat." J'étais submergé par un mélange de rage et de tristesse, et j'ai juré de protéger ma mère s'il essayait à nouveau de faire ça. "Si jamais il refait ça, je le tuerai", ai-je dit. Cette nuit a bouleversé ma vie, car, pour la première fois, j'ai vraiment vu le côté sombre de mon père. Il s'est donné la mort six mois plus tard. »

Dans le cas de mon ami, son père essayait de domestiquer sa mère (et dans la foulée mon ami) par l'usage de la force. Votre exemple peut ne pas être aussi extrême, ou l'être encore plus. Pour tirer le maximum de cet exercice, je vous encourage à ne pas continuer votre lecture tant que vous n'avez pas écrit l'exemple tiré de votre propre vie. Lorsque vous l'aurez fait, revenez à votre lecture et continuez avec l'exercice suivant.

2e PARTIE

La partie suivante va impliquer votre imagination. Je veux que vous imaginiez que vous rencontrez la personne qui vous a blessé uniquement sous sa forme spirituelle. Dans cette rencontre, vous pouvez parler directement à son Être authentique, la partie qui en elle est éveillée, qui n'est pas perdue ni enivrée dans la fête. Sous cette forme, elle est tout imprégnée d'amour inconditionnel, et vous pouvez lui dire sans peur tout ce que vous voulez. Dites-lui ce que vous sentez vraiment par rapport à elle et à la situation, et puis imaginez ce que dirait de vous cette personne du point de vue de son Être authentique. Écrivez ce dialogue entre vous.

Voici l'exemple de ce qu'a écrit mon ami :

« Papa, je suis très en colère et très triste de ce qui s'est passé. Je ne peux pas croire que tu aies battu ta femme. Tu m'as terrorisé. Nous étions les meilleurs amis du monde, et je t'admirais tant. Je ne peux pas comprendre comment tu as pu faire ça. Qu'est-ce qui

t'arrive ? Quand tu bois, tu es quelqu'un de très différent. Je me sens coupable de n'avoir pas été là pour t'arrêter… Lorsque tu es mort, quelques mois plus tard, j'étais triste, mais aussi plutôt soulagé parce que je savais que je n'aurais plus à m'inquiéter de ta violence. Je ne pouvais pas m'empêcher de me sentir coupable d'avoir aussi la sensation d'être libéré par ta mort.

Mon fils, je suis désolé de vous avoir blessés, ta mère et toi. J'étais complètement hors de moi. Je ne savais pas ce que je faisais. Quand je bois, je ne suis pas moi-même. Mais sache que je veux seulement le meilleur pour toi et ta mère. Je vous aime fort tous les deux, et si je pouvais revenir à ce moment-là, je le ferais. Je suis vraiment désolé, et je te demande pardon. Tu n'as absolument pas à te sentir coupable de quoi que ce soit. Je suis entièrement responsable de la situation, aussi je veux que tu sois apaisé. Tout est pour le mieux. Sache que, de là où je suis à présent, je n'ai que de l'amour pour toi et ta mère, et qu'à distance je fais de mon mieux pour vous aider. »

Cet exercice vous permet d'entrer en contact avec vos sentiments de l'époque, de les exprimer, puis d'écouter la réponse de l'autre personne qui parle du point de vue de son Être authentique. Il en résulte pour la plupart d'entre nous que nous devenons davantage capables de voir et comprendre que les agissements de l'autre n'étaient pas personnels, et qu'au cœur de chaque individu il y a l'amour inconditionnel.

* * *

N'oubliez pas d'être doux envers vous-même dans cette exploration et cette libération de ces événements passés qui vous ont causé de la douleur. Cela peut être difficile, mais la vérité, c'est que plus l'expérience est ardue, plus vous êtes en position d'acquérir des choses nouvelles. La liberté que vous rencontrerez ainsi va profondément influencer votre vie, car il est très difficile d'avancer sur votre chemin sans passer par cette importante étape de pardon. Allez-y doucement et revenez à ces exercices quand vous en avez besoin, en allant un peu plus loin à chaque fois.

CHAPITRE 5

REPÉRER LES ÉLÉMENTS DÉCLENCHEURS ET DÉJOUER LES PIÈGES

Jusqu'ici, l'information présentée dans cet ouvrage vous a donné des indications de base sur lesquelles vous appuyer. Et cela, parce que le processus pour devenir Maître de Soi commence par le fait de comprendre que nous sommes en train de rêver, aussi bien sur le plan personnel que collectif. Dès que nous reconnaissons qu'il s'agit d'un Rêve, nous portons notre attention sur les choses qui peuvent en faire un cauchemar, et particulièrement sur la domestication et l'attachement qui, vous vous en souvenez, se nourrissent d'amour conditionnel. Nous avons aussi appris que l'antidote au cauchemar est l'amour inconditionnel, et que la clé pour avoir accès à cette sorte d'amour se trouve dans le pardon envers soi et les autres.

Mais le savoir ne suffit pas à faire de vous un Maître. C'est l'usage de ces outils qui le fait, et c'est à cela que nous allons à présent nous intéresser. Dans l'existence que vous menez, où vous participez aux choses de la vie et êtes en interaction avec les autres, plutôt que de rester assis dans la solitude d'un monastère, vous êtes sûr de rencontrer de nombreuses situations qui peuvent accaparer votre attention et vous déséquilibrer. Le Rêve de la Planète est rempli de ce type de pièges : y tomber vous extrait de votre conscience éveillée et vous ramène dans le brouillard et le drame de la fête…

L'un des fondements de la Maîtrise de Soi est d'apprendre à repérer les éléments déclencheurs et à déjouer les pièges qui se tendent pour vous attraper. Rien ne peut mieux vous y aider que de prendre pleinement conscience de vos émotions.

COMPRENDRE SES ÉMOTIONS

Nos émotions sont de merveilleux outils. Être en contact avec elles nous permet d'éprouver pleinement la vie. Lorsque nous sommes en conscience, nos émotions peuvent nous enseigner un grand nombre de choses. Elles peuvent nous montrer ce que nous aimons et ce que nous n'aimons pas, ce qui est vraiment important pour nous par opposition à ce qui ne l'est pas, et elles peuvent être un guide merveilleux pour nous aider à découvrir le travail que nous sommes destinés à faire dans le Rêve de la Planète.

Par exemple, si vous devez prendre une décision et que vous n'êtes pas sûr de l'orientation que vous avez à prendre, une des choses qui peut vous aider est de vous concentrer sur la façon dont vous vous sentez par rapport aux options présentées, au lieu de vous laisser dévorer par les histoires que vous débite votre narrateur. En arrivant à mieux vous connaître, ce genre de discernement devient un outil très efficace pour savoir ce que vous voulez vraiment. En langage populaire, on parlerait d'« écouter son cœur plutôt que sa tête », et c'est vraiment ainsi qu'agit un Maître de Soi.

Vos émotions peuvent également vous montrer où vous vous cramponnez encore à des attachements, et vous révéler les peurs et doutes de vous-même qui vous restent de domestications passées dont vous n'avez pas encore pu vous libérer. Parfois, vous n'allez même pas vous rendre compte que vous gardez un attachement, jusqu'à ce qu'un événement déclenche en vous une réaction émotionnelle. Chaque fois que vous ressentez une poussée de colère, de frustration, de culpabilité, de honte, ou n'importe quelle autre émotion négative, il vous revient d'aller voir en vous-même pour découvrir ce qui se passe. Posez-vous des questions du genre : D'où vient ce sentiment ? Quand est-ce que j'ai déjà éprouvé cela ? Quelle est la source de ce sentiment ? Une fois que vous avez pris conscience de ce qui se passe en vous, vous êtes capable de vous calmer et d'arrêter la spirale descendante avant de perdre le contrôle de vous-même.

La colère est une réaction émotionnelle commune, mais ce n'est sûrement pas la seule. Se fermer, être sur la défensive ou avoir un comportement passif-agressif, se sentir coupable, éprouver du remords, ou toute autre réaction inutile, sont autant de façons de réagir émotionnellement, et de perdre la conscience vigilante de notre Être authentique.

Que vous ayez tendance à vous laisser envahir par la colère et la rage ou à bouder silencieusement dans votre coin, la cause sous-jacente à toutes ces réactions émotionnelles est toujours la peur, l'outil de l'amour conditionnel. Lorsque la peur prend possession de vous en suscitant une réaction émotionnelle, ce sont vos attachements et vos domestications qui mènent la danse, et l'amour inconditionnel est écarté. Devenir un Maître de Soi consiste à remarquer quand la réaction émotionnelle commence en vous et à vous demander aussitôt : « De quoi est-ce que j'ai peur ? » Plus vite vous pouvez identifier et lâcher la peur, plus vite vous vous ancrez à nouveau dans votre Moi authentique.

Toutes les réactions émotionnelles que vous éprouvez vous appartiennent, ce ne sont pas celles d'un autre. Par conséquent, elles sont là pour vous enseigner quelque chose sur vous-même. Le Maître de Soi y voit une occasion d'apprendre et de grandir. En agissant de la même façon, vous pouvez gérer ces émotions avant qu'elles n'en viennent à une explosion qui ferait du tort à votre Rêve personnel ou au Rêve de la Planète.

LE CONFLIT DANS LE RÊVE DE LA PLANÈTE

Étant donné que plus de sept milliards de Rêves personnels se vivent en même temps dans le Rêve de la Planète, les désaccords sont inévitables. Mais ces désaccords peuvent aussi servir un but très sain du fait qu'ils ne cessent de mettre chacun au défi de faire évoluer ses Rêves personnels. Lorsque quelqu'un, pour ne pas dire les deux parties engagées, réagit de façon émotionnelle à un désaccord, il se ferme la possibilité de voir les choses du point de vue de l'autre, et le conflit démarre. Une réaction émotionnelle vous coince, en vous rendant incapable d'aller plus loin tant que vous n'allez pas voir plus profondément en vous ce que l'émotion essaie de vous dire.

Tous les Maîtres de Soi, même ceux qui ont assidûment œuvré avec ces outils pendant des années, vont rencontrer des situations et des personnes – du genre de celles qui ont le don de vous pousser à bout – qui vont leur poser certains défis. Se trouver pris par elles ou en relation avec elles va sans aucun doute provoquer une réaction émotionnelle ! Vous avez bien sûr la possibilité d'éviter ces personnes ou ces situations qui suscitent le drame ou l'angoisse, mais il y aura toujours un moment où vous ne pourrez plus vous échapper, et il vous faudra faire face directement à la personne ou à la situation qui se présente.

La question devient alors : Pouvez-vous entrer dans cette relation sans vous replonger dans le drame de la fête ? Pouvez-vous rester ancré dans votre Moi authentique et montrer du respect à l'autre ? En tant que Maître de Soi qui veut et peut garder le contrôle sur sa volonté et avoir de l'amour inconditionnel pour tous dans le Rêve de la Planète, il vous est plus facile de garder votre équilibre si vous découvrez pourquoi cette personne a ce talent unique de vous faire réagir. Pensez-y. Parmi tous les êtres qui peuplent la planète, cette personne-là a le pouvoir de vous pousser à bout bien mieux que quiconque ! C'est un cadeau extraordinaire qu'elle a à vous offrir : la liberté vous attend, elle sera vôtre dès que vous découvrirez pourquoi il en est ainsi. D'après mon expérience, la racine du conflit remonte souvent à l'une des trois choses suivantes (et parfois à plusieurs d'entre elles en même temps). Examinons-les.

1. Une domestication antérieure. Il est possible que la personne ou la situation éveille en vous un souvenir profondément enfoui, où quelqu'un essaie de vous domestiquer alors que vous faites tout votre possible pour lui résister. Même si vous ne pouvez pas complètement vous souvenir de l'événement, votre subconscient ou mémoire profonde fait la connexion. Il en résulte que votre façon de percevoir la situation actuelle est faussée par la domestication qui a eu lieu dans le passé. Vous voyez cette personne comme une possible menace et, consciemment ou inconsciemment, vous l'avez étiquetée comme telle, même si vous ne vous en rendez pas compte.

Si vous arrivez à faire le lien et à voir que la raison pour laquelle cette personne vous importune provient d'une expérience passée plutôt que de la situation actuelle, vous avez commencé à évincer son pouvoir de vous contrarier, en ramenant votre volonté sous votre contrôle. En ayant connaissance du souvenir ou d'une situation similaire à celle que cette personne active en vous, vous pouvez travailler à pardonner et à vous libérer du trauma causé par celui qui vous a domestiqué jadis, et voir alors la situation actuelle sous un nouvel éclairage, parce qu'elle n'est plus obscurcie par l'ombre de votre passé. Souvent, de faire simplement l'association avec le passé commence à vous émanciper du tourment de la situation présente, qui retire alors son emprise sur vous, et cela neutralise son pouvoir d'élément déclencheur.

2. Voir son reflet dans le miroir. Chacun est notre miroir, et le reflet qui nous est renvoyé de choses que nous n'aimons pas chez nous est on ne peut plus éclatant chez ceux qui ont les mêmes caractéristiques que nous. En d'autres termes, on peut voir quelque chose de soi chez l'autre, même si on ne s'en rend pas compte. Cette vérité peut être une surprise pour certains d'entre vous qui vont d'emblée réagir en n'étant pas d'accord. Mais je vous invite à regarder plus profondément ce qu'il en est. Quelle que soit la caractéristique que vous voyez et n'aimez pas chez un autre, c'est souvent un trait plus ou moins marqué que vous pouvez voir en vous-même. Par exemple, si vous prenez quelqu'un en flagrant délit de mensonge et que cela vous dérange profondément, pouvez-vous remonter à une époque de votre passé où vous aussi vous avez menti ? Et si vous vous retrouvez à vous plaindre de défauts de vos amis, observez combien de vos commentaires pourraient s'appliquer à vous aussi bien. C'est peut-être une vérité difficile à avaler, mais c'est également un outil précieux pour annihiler les réactions négatives qui peuvent s'éveiller en vous lorsque vous avez affaire aux autres, parce que cela vous permet de voir qu'ils sont comme vous.

3. L'attachement. Lorsque vous rencontrez quelqu'un qui a un don fantastique pour provoquer chez vous une réaction, c'est peut-être parce que vous êtes attaché à une croyance que vous vous sentez le besoin de défendre et que vous considérez cette personne comme une menace pour vos convictions. Si vous êtes très attaché à vos croyances, il est presque sûr que des conflits vont apparaître.

Certaines convictions doivent être défendues, surtout si elles impliquent notre bien-être physique ou celui de quelqu'un d'autre, mais ce ne sont jamais celles pour lesquelles on entre en conflit. Il y a une grosse différence entre défendre une conviction pour protéger physiquement son existence et défendre une croyance qui soutient simplement une position à laquelle s'accroche l'ego. En reconnaissant la différence entre les deux, ainsi qu'en honorant son engagement à respecter le droit des autres à penser différemment de soi, on lâche son attachement à une croyance enracinée dans l'égoïsme, et on considère le point de vue des autres avec respect.

LA MAÎTRISE DE SOI EN ACTION

La prochaine fois que vous vous trouverez dans une situation où vous commencez à vous sentir en colère, sur la défensive, coupable, triste, ou pris par un sentiment de ce genre, la première étape sera de repérer l'émotion. Admettez que cette émotion existe et acceptez le fait de la ressentir. Le seul fait d'identifier ses sentiments, de les admettre et de les accepter a souvent un effet calmant et amorce le processus de s'en libérer. Les questions à vous poser ensuite sont les suivantes :

- Que vient vous montrer l'émotion présente ?
- Quelles peurs les paroles ou actions de l'autre personne sont-elles en train d'activer en vous ?
- Qu'essayez-vous de contrôler, et pourquoi ?

Dans la plupart des cas, la réponse va tomber dans la catégorie d'une domestication passée, d'un reflet dans le miroir, ou d'attachements.

Un Maître de Soi reconnaît que toutes les émotions négatives qui montent en lui sont véritablement un cadeau, une opportunité pour découvrir davantage de choses sur lui-même, car personne d'autre que vous n'est responsable de vos réactions émotionnelles. Cette dernière phrase mérite d'être répétée : *Personne d'autre que vous n'est responsable de vos réactions émotionnelles.* Les autres peuvent dire ou faire ce qu'ils veulent, ce qui se passe en vous est uniquement le résultat de ce que vous pensez et ressentez.

Il peut se faire que vous vous retrouviez dans une situation où vous éprouvez une émotion négative dont vous ne pouvez pas immédiatement identifier l'origine, et, même si vous le pouvez, il se peut que vous n'ayez pas la possibilité de vous en libérer, car vous sentez que l'émotion est en train de monter. En pareils cas, contenez votre envie de faire ou de dire quelque chose quand la possibilité s'en présente. Puis prenez de la distance avec la situation jusqu'à y voir plus clair. Ne laissez personne vous dire qu'être Maître de Soi n'implique pas d'exercer sa volonté, car il est des situations où se contenir peut vous demander de faire appel au pouvoir de toute votre volonté.

Dans certains cas, il n'est pas possible de se retirer pour faire une pause et prendre du recul : vous vous trouvez en face à face avec une personne ou quelque chose qui provoque en vous la montée d'une réaction émotionnelle, et vous choisissez de gérer la situation sans attendre. C'est là que le respect et l'amour inconditionnel entrent en jeu. Par votre force de volonté, souvenez-vous que l'autre personne mérite votre respect : cela ne veut pas dire de vous responsabiliser en prenant sur vous ce qu'elle peut vouloir, ni d'essayer de lui imposer votre propre volonté – même si vous n'êtes pas d'accord sur sa position. Mais vous devez vous rappeler que cette personne voit le monde avec son point de vue à elle, qu'il vienne ou non d'une domestication. En gardant respect et amour inconditionnel pour l'autre, vous pouvez alors rester calme et lui dire votre vérité avec amour.

Ici encore, il y a une vérification rapide à faire sous forme de questionnement intérieur avant de parler : Est-ce que ce que je vais dire vient vraiment de moi, ou bien est-ce que ce sont mes croyances issues d'une domestication qui veulent s'exprimer ? Si ce que vous voulez affirmer essaie d'imposer à l'autre une condition, alors je vous encourage à regarder à l'intérieur de vous pour y trouver d'autres paroles. Si vous vous exprimez depuis un endroit en vous de conscience éveillée, quels que soient les mots qui sortiront de votre bouche, ils seront justes. Rappelez-vous que s'exprimer depuis un endroit d'amour inconditionnel ne signifie pas qu'on dit des choses sur lesquelles l'autre va être d'accord et qu'il appréciera, mais qu'on se souvient que, dans ce genre de circonstances, l'on ne peut pas contrôler la perception ou la réaction de l'autre : on ne peut avoir de contrôle que sur soi.

Parfois, s'extraire de la situation et ne pas y revenir est la meilleure option pour éviter des conflits ultérieurs. Lorsque l'autre personne ne vous respecte plus, elle va essayer de vous soumettre à sa volonté. Pour garder le respect de vous-même, il est souvent sage de vous en aller avant que vos émotions s'emparent de vous et que vous fassiez ou disiez quelque chose que vous regretterez ensuite. Sortir ainsi du conflit n'est pas s'échapper de vos problèmes ou émotions, mais c'est plutôt une décision prudente qui s'enracine dans le soin que l'on se porte, car aller plus loin ne serait bénéfique à aucune des parties. Un maître d'arts martiaux vous dira que votre esprit est votre arme la plus puissante et votre première ligne de défense. Cela requiert beaucoup de discipline de savoir se servir de ses poings pour défendre son corps physique sans être tenté de devenir un fanatique de l'agression. Soyez toujours vigilant sur les dérives de l'autre versant du respect de soi.

L'autre possibilité, en pareils cas, est de laisser vos émotions vous contrôler et de vous en prendre avec colère à l'autre, ou de réagir en vous défendant exagérément, ou quelque chose entre les deux. À ce moment-là, vous êtes ramené dans le drame de la fête, perdu à nouveau dans la fumée et le brouillard. Le résultat de ce type de comportement est toujours le même : vous créez de la souffrance pour vous-même et pour les autres dans le Rêve de la Planète.

LES DÉCLENCHEURS MODERNES

Le monde moderne nous offre quelques façons nouvelles et intéressantes de déclencher des réactions émotionnelles. J'imagine que la plupart de ceux qui me lisent sont familiers des réseaux sociaux comme Facebook, Twitter et autres. Ces réseaux sociaux et messages que l'on reçoit nous relient les uns aux autres d'une façon que nous ne connaissions pas jusqu'ici dans le Rêve de la Planète. Ils peuvent nous aider à être en lien et à garder contact, mais ils peuvent aussi devenir un terreau fertile pour les émotions que suscitent les conversations sur écran. Ce qui fait que les réseaux sociaux ressemblent parfois davantage à un champ de mines d'émotions explosives qu'à un terrain de jeu virtuel.

La bonne nouvelle, c'est qu'avec cette technologie vous disposez d'un autre outil précieux pour vous découvrir vous-même, car vous pouvez observer les suppositions que vous faites concernant les autres. En d'autres termes, étant donné que vous ne pouvez pas voir les expressions du visage ni le langage du corps de quelqu'un qui a posté quelque chose sur un réseau social ou qui vous a envoyé un message, votre première réaction est souvent de faire une supposition du sens qu'on peut y voir, à travers ce que vous-même projetez de l'intention de la personne. C'est ainsi que vous pouvez remplir les blancs en transférant, sur un commentaire ou un message, une émotion qui n'était peut-être pas dans l'intention de la personne qui l'a écrit. Les réseaux sociaux et les messages vous permettent d'observer les émotions que vous projetez ou supposez chez les autres, et de chercher en vous les domestications et attachements à la source de ces suppositions.

Rappelez-vous qu'être un Maître de Soi ne veut pas dire que nous sommes des robots dépourvus de sentiments, qui ne prennent jamais la mouche et ne réagissent jamais émotionnellement. Mais, si vous abandonnez le contrôle de votre volonté en cédant à une réaction émotionnelle au lieu d'avoir une réaction consciente, le recours à ces outils vous permettra de vous rétablir rapidement. Se rendre compte que l'on ressent de la colère, de la jalousie, du ressentiment, de la tristesse et autres, permet de voir la vérité de ce que l'on vit. S'en rendre compte peut prendre à peine une seconde ou bien toute une nuit à se retourner dans son lit, mais la spirale descendante prend fin au moment où l'on accepte la vérité. Lorsque vous découvrez la véritable source de votre émotion (il s'agit habituellement d'une domestication antérieure ou d'un attachement actuel), vous pouvez vous servir de ce savoir comme d'un instrument de transformation.

Chaque fois que vous tombez dans le piège et que vous réagissez au lieu de répondre, demandez-vous : « De quoi ai-je peur ? » Une fois que vous le savez, vous pouvez chercher plus profondément à voir d'où vient la peur. Les réactions émotionnelles ne cesseront pas de surgir et d'exercer leur pouvoir sur vous tant que vous n'aborderez pas les peurs non résolues qui se cachent derrière elles. La bonne nouvelle, c'est qu'une fois que vous aurez découvert ce qui vous fait peur et que vous aurez lâché cette peur, la situation n'aura plus aucun pouvoir sur vous.

* * *

Résoudre les conflits

Dans le Rêve de la Planète, les gens ne vont pas toujours agir de la façon que vous voulez, ou comme vous pensez qu'ils devraient agir. Ils ne seront pas toujours d'accord avec vos idées ou croyances. Ce qui soulève la question : Comment réagissez-vous lorsque les autres ne se comportent pas de la façon dont vous aimeriez qu'ils le fassent ? Essayez-vous de leur imposer ce que vous voulez et de les soumettre à votre point de vue ? Ou bien êtes-vous capable de prendre du recul et de respecter leur point de vue ?

Cet exercice va vous aider à le découvrir. Pour commencer, pensez à un conflit récent que vous avez eu avec quelqu'un d'autre. Cela peut être quelque chose qui s'est passé chez vous, au travail, à l'école, etc. – un exemple quel qu'il soit où vous-même et quelqu'un d'autre avez eu des points de vue opposés. Décrivez brièvement le conflit sur une feuille de papier. Puis répondez aux questions suivantes :

- Dans ce conflit, à quelle croyance avez-vous essayé de soumettre l'autre ? (Il ne s'agit pas là d'évaluer si votre conviction était « bonne » ou « mauvaise » ; le but est de se rendre compte de ce qu'est cette croyance.)
- Savez-vous d'où vient cette croyance ?
- S'agit-il d'une croyance que vous voulez garder ? Il n'y a pas de bonne ou de mauvaise réponse. C'est bien si cette croyance est vraie pour vous, et c'est bien si elle ne l'est pas ; la chose importante est de la reconnaître pour ne pas continuer à vous battre pour une croyance en laquelle vous ne croyez plus, puisqu'il s'agit en réalité d'une domestication à l'œuvre.
- Comment avez-vous traité l'autre qui n'était pas d'accord avec vous ? Avez-vous respecté son point de vue, ou bien avez-vous essayé de le contraindre à voir les choses à votre façon ?
- Que pensez-vous qu'est la croyance de l'autre personne ? Pouvez-vous avoir un autre point de vue sur la même situation ? Pouvez-vous voir si ce que croit l'autre personne est vrai pour elle ?

- Comment souhaitez-vous agir la prochaine fois qu'un conflit comme celui-ci se présentera ? Y a-t-il une façon pour vous d'être en relation avec l'autre, tout en étant sincère envers vous-même, en n'essayant ni de le faire changer ni de le soumettre à votre point de vue ?

En tant que Maître de Soi, vous savez qu'il est impossible d'éviter tous les conflits. Aussi, lorsqu'un conflit s'élève, votre travail est de regarder en vous, de voir ce qui est vrai pour vous dans le moment présent, et de trouver une façon de faire honneur à vos propres convictions tout en respectant en même temps les choix et croyances des autres. Revenez à cet exercice chaque fois que vous avez un conflit avec quelqu'un d'autre.

* * *

LE POUVOIR TRANSFORMATEUR DE L'ÉCOUTE

L'exercice qui suit va vous aider à rester ancré, tout en étant en contact avec vos émotions. Il concerne l'écoute des personnes qui font partie de votre vie et qui ont des croyances et valeurs différentes des vôtres.

Trouvez quelqu'un dont vous êtes proche, et posez-lui une question sur un sujet sur lequel vous savez que vous êtes en désaccord avec lui. Puis écoutez. Ce n'est pas l'endroit pour partager votre opinion personnelle. Mais simplement pour écouter. Demandez à la personne de développer sa propre opinion sans renchérir ni la déprécier, et, pendant qu'elle parle, veillez à faire ce qui suit :

Regardez le langage du corps de la personne quand elle parle. Observez quelles sont les expressions de son visage et sa gestuelle lorsqu'elle essaie simplement de partager son opinion, et comment elles peuvent changer lorsqu'elle essaie au contraire de vous persuader ou de vous convertir. Comment vous sentez-vous en la voyant passer du partage d'une information à la persuasion ? Pouvez-vous sentir en vous la différence que cela fait ? C'est de là que partent vos réactions sur le sujet en question – cela ne vient pas de ses paroles, mais de l'intérieur de vous.

Essayez de comprendre d'où lui vient son point de vue. En écoutant, gardez à l'esprit qu'elle a un vécu ou une domestication qui colore sa façon de voir le monde. Au lieu de considérer son point de vue comme erroné, essayez de voir d'où il provient, et de comprendre quels sont ses attachements. Après tout, peu importe que vous ayez raison !

Écoutez sans planifier votre réponse. Essayez d'écouter ce que dit la personne sans penser à ce que vous allez lui répondre.

Si vous fixez votre attention sur votre réponse pendant qu'elle parle, alors vous n'êtes pas vraiment en train de l'écouter. Si vous n'êtes pas en train de formuler votre réponse dans votre tête, vous êtes davantage capable d'être à l'écoute sans que vos projections fassent entrave.

Attendez que la personne ait fini de parler pour exprimer votre opinion, et seulement si elle le demande. Faites d'abord savoir à la personne que vous accordez de la valeur à son point de vue. Ensuite, relevez et résumez les points sur lesquels vous n'êtes pas d'accord avec elle. Agir ainsi est un signe de respect et permet à l'autre de savoir qu'il a été entendu. Cela prépare le terrain pour qu'il vous manifeste du respect en retour. Enfin, offrez-lui votre point de vue avec respect.

Observez vos propres attachements. Au final, servez-vous de cet exercice comme d'un moyen d'écouter et de percevoir le monde à partir d'un point de vue différent du vôtre, que vous soyez ou non d'accord avec celui-ci, en observant si vos propres attachements voilent votre point de vue. En d'autres termes, est-ce que cette personne pourrait avoir raison sur tel ou tel point ?

Ressentez vos émotions. Observez toutes les émotions négatives qui s'élèvent en vous quand vous l'écoutez. Par exemple, éprouvez-vous de la peur ? de la colère ? de la tristesse ? Quelle est la source de ces émotions ? Lorsque ces émotions montent en vous, c'est en trouvant d'où elles viennent que vous découvrirez en vous votre cadeau.

Si vous faites cet exercice avec votre famille et vos amis, cela vous aidera à entrer dans des relations de respect avec eux, tout en restant conscient de vos émotions. Si c'est trop difficile avec votre famille, alors faites-le dans votre cercle d'amis au sens large pour le ramener ensuite à votre cercle intime. Cela contribuera non seulement à augmenter votre respect pour les autres, mais vous prendrez davantage conscience des croyances et convictions qui guident votre Rêve personnel. Vous pourrez aussi vous ouvrir davantage à ceux qui sont différents de vous ou qui ont un point de vue différent, en allant vers l'acceptation de tous les autres, sans détours ni conditions.

* * *

Contrôler sa volonté

Lorsqu'une réaction émotionnelle démarre en vous, ne pas prendre la mouche et tomber dans le piège peut vous demander toute la force de volonté qui est en vous. L'exercice toltèque ci-après est destiné non seulement à renforcer votre volonté, mais aussi à calmer votre esprit dans le processus.

Prenez une chaise à dossier droit, sur laquelle vous pourrez vous asseoir avec les genoux formant un angle de quatre-vingt-dix degrés. Choisissez un endroit tranquille où vous vous sentez en sécurité et où vous ne serez pas dérangé, et réglez une minuterie (un réveil, un chronomètre ou un sablier) pour disposer de cinq minutes.

Fermez les yeux. Concentrez-vous sur votre respiration. Ne bougez pas pendant ces cinq minutes – même pas pour vous gratter le nez ou pour vous tourner dans une position plus confortable. Si vous bougez, recommencez le comptage des minutes. Ne cédez pas à la tentation de dire oui au moindre mouvement de votre corps.

Le but de cet exercice est de vous montrer la force de votre volonté par l'immobilisation calme de votre corps. Lorsque vous êtes capable d'atteindre le temps proposé, augmentez la durée si vous le souhaitez, en allant jusqu'à quinze ou même trente minutes. Mais avant d'accroître le temps de l'exercice, étudiez la possibilité d'y ajouter cet élément :

Répétez toutes les étapes précédentes, mais, en vous asseyant, imaginez-vous tout seul sur une plage, avec rien d'autre que le sable, l'eau et le soleil. Et voilà que c'est le moment de courir sur la plage… Imaginez-vous en train de courir, en ressentant le sable, l'eau et l'air frais du bord de mer. Alors que votre esprit accueille pleinement cette image, vous pouvez avoir envie de faire bouger aussi votre corps. Choisissez de rester calme et immobile et de ne pas quitter l'exercice. Si vous vous sentez pris dans des enchaînements de pensées qui vous éloignent de la plage, ou si vous bougez une quelconque partie du corps, réenclenchez le comptage du temps et recommencez jusqu'à atteindre une pratique sur cinq ou quinze minutes pleines. Comme vous allez le découvrir, il est bien plus difficile de renforcer la volonté de son esprit que celle de son corps.

* * *

Ces deux exercices peuvent vous aider à accroître votre volonté pour pouvoir faire consciemment vos choix dans des situations où, auparavant, vous auriez réagi émotionnellement. Dans le chapitre suivant, nous allons regarder de plus près tous les choix que vous faites, de façon que vous puissiez déterminer s'ils résultent de votre libre arbitre ou d'une habitude qui s'est formée en vous par une domestication et des attachements.

CHAPITRE 6

BRISER LE CERCLE VICIEUX DES AUTOMATISMES

Quand les Européens ont rencontré pour la première fois les tribus autochtones des plaines d'Amérique du Nord, ils ont été déconcertés de voir que, dans chaque tribu, il y avait un petit nombre de personnes qui se comportaient d'une façon radicalement opposée aux autres : ils allaient à la bataille en tournant le dos, ils disaient « au revoir » lorsqu'on leur disait « bonjour », et ils n'arrêtaient pas de faire ou de dire des choses à l'inverse de ce qui était considéré comme normal. Incapables de voir à travers le brouillard qui leur masquait la réalité, ces Européens ont trouvé que c'était là de drôles de guerriers, et ils les ont étiquetés comme des « *clown soldiers* », des « clowns soldats ».

Ce dont ces Européens ne pouvaient se rendre compte, c'est que ces guerriers n'entreprenaient pas ce genre d'actions pour amuser qui que ce soit. Mais, au contraire, ils remplissaient un rôle très spécial, pour ainsi dire chamanique, dans la tribu. Les érudits modernes en font mention comme de « *contrary warriors* », des « guerriers contraires » qui faisaient tout à l'envers, plutôt que comme des clowns, et, quand je me penche sur le rôle de ces guerriers, il est clair pour moi qu'ils comprenaient que, sans conscience, les actions répétitives limitent la capacité de l'esprit à percevoir toutes les options disponibles. Étant donné que ces guerriers avaient instauré la pratique de répondre aux situations d'une manière tout à fait contraire à celle attendue, ils remettaient en question à tout moment la façon de penser conventionnelle de la tribu, en la poussant à examiner à quoi elle donnait son accord et à voir toutes les options et possibilités offertes en réalité. C'est ce que je vous souhaite.

En vous observant vous-même et les autres dans le Rêve de la Planète, vous allez découvrir que, comme la plupart, vous prenez quotidiennement un grand nombre de décisions sans considérer toutes les options possibles, et que cette façon de faire semble normale à presque tout le monde. Par exemple, le chemin que vous suivez pour aller chaque jour au travail, ou la main dont vous vous servez pour tenir votre brosse à dents sont des choix automatiques. Il s'agit là de routines : on est censé en connaître le résultat, et, si vous êtes comme la plupart des gens, vous prenez ces décisions sans y penser vraiment. Par conséquent, il vous est facile de traverser la journée sans considérer les possibilités offertes, ou même sans être conscient qu'il en existe d'autres – sauf si vous devez faire un détour sur votre chemin parce qu'il y a un chantier, ou si vous vous foulez le poignet et devez donc vous brosser les dents avec l'autre main.

Bien que ces décisions automatiques soient acceptables quand il s'agit de petites choses, si vous n'y prenez pas garde, vous pouvez tout doucement vous mettre à vivre votre existence en pilotage automatique, et cela va commencer à déborder aussi sur des domaines bien plus importants de votre vie. En d'autres termes, lorsque vous avez développé l'habitude de suivre des décisions automatiques dans tous vos petits choix, il peut être difficile pour vous de vous arrêter pour réfléchir à des choix de plus grande importance lorsqu'ils se présentent à vous – d'autant que votre domestication et vos attachements essaient de vous contrôler. Dans la tradition toltèque, nous appelons cela « vivre dans le cercle vicieux de l'automatisme ».

Bien sûr, il y a des moments où il faut s'en remettre aux automatismes – comme ceux qui vont aider le corps à traverser des épreuves physiques. Par exemple, vous êtes en train de faire de l'escalade en montagne et votre pied glisse. Votre corps et votre esprit s'unissent instinctivement pour vous aider à vous agripper à une saillie en vous évitant de plonger vers la mort. Et tout le monde sera d'accord pour dire que c'est là un automatisme très précieux ; c'est une réaction physique naturelle. Mais comparez ce scénario à ceux qui suivent. Une séduisante personne entre dans la pièce, et votre première pensée est : « Ce genre de personne ne s'intéressera jamais à quelqu'un comme moi, je n'essaie même pas. » Ou bien, en voyant une opportunité d'emploi, vous vous dites : « Je ne vais pas postuler parce qu'ils n'embaucheront pas quelqu'un comme moi. » Dans ces situations, vous pouvez voir que votre domestication et vos attachements ont limité vos actions d'une façon qui n'est pas en phase avec ce que vous voulez vraiment.

Ne pas approcher quelqu'un que vous voudriez rencontrer et ne pas postuler pour un travail que vous aspirez à faire, ce sont des choses différentes de celles dans lesquelles votre corps agit instinctivement : il s'agit de comportements appris, qui s'enracinent dans une domestication passée où l'on vous inculquait que « vous n'étiez pas assez bien ». Si vous lui laissez libre cours, l'attachement à cette idée va vous contrôler au point que tous les choix que vous pourriez faire ne seront qu'illusion. Un Maître de Soi cultive la pratique de la conscience, et, en agissant ainsi, il est conscient des choix qu'il fait, en sorte que ces choix reflètent son Être authentique.

Ce n'est que lorsque nous avons cultivé la pratique d'une conscience éveillée que nous savons si nos choix sont basés sur ce que nous voulons vraiment, ou s'ils se basent sur notre domestication et nos attachements. Si nous sommes perdus dans le brouillard, l'idée même qu'un choix est possible peut sembler une illusion venue de nos projections. Si l'on n'identifie pas et ne brise pas les chaînes de son passé, on n'a pas le libre arbitre qui permettrait de s'engager dans des actions nouvelles. La conscience est la clé pour comprendre où votre domestication et vos attachements ont fabriqué l'idée que le fait d'avoir le choix est pour vous une illusion.

Bien que j'aie déjà souvent utilisé dans ce livre le mot de « conscience éveillée » (ou prise de conscience, *awareness*), prenons le temps d'examiner de plus près ce qu'il signifie. La conscience éveillée est le processus qui consiste à centrer votre attention sur votre corps, votre esprit et ce qui vous entoure dans l'instant présent. La conscience éveillée est une pratique incomparable, parce qu'en plus de faire attention à ce qui se passe dans le monde extérieur, vous voyez également ce qui se passe dans votre esprit, en observant les pensées qui apparaissent et en remontant à leur origine. La pratique de la conscience éveillée est la pierre de fondation de la Maîtrise de Soi, car c'est la façon première d'apprendre à se connaître soi-même : ce qu'on aime, ce qu'on n'aime pas, sa domestication et ses attachements. La conscience éveillée est une communion consciente avec soi-même et avec son environnement.

Un autre bénéfice important du fait de prendre conscience de vos pensées et de les observer quand elles apparaissent et se dissolvent est que cela vous permet de reconnaître la vérité précédemment exposée : vous n'êtes pas vos pensées ! Vos pensées ne sont que des narrateurs. Ce que vous êtes, c'est l'énergie éveillée qui rend possibles ces pensées. Il y a un magnifique passage dans la *Kena Upanishad*, un ancien texte de l'Inde, qui parle superbement de la nature de la conscience éveillée et du Moi authentique :

« Ce n'est pas ce que l'œil peut voir, mais ce par quoi il peut voir...

Ce n'est pas ce que l'oreille peut entendre, mais ce par quoi elle peut entendre...

Ce n'est pas ce que les mots peuvent exprimer, mais ce par quoi ils peuvent être exprimés...

Ce n'est pas ce que l'esprit peut penser, mais ce par quoi il peut penser... »

En apprenant à vous connaître vous-même par la pratique de la conscience éveillée, vous pouvez faire des choix qui correspondent à vos véritables préférences, plutôt qu'à des domestications et attachements passés, et cela vous donne la liberté d'exercer au mieux votre volonté pour l'évolution de votre Rêve personnel et du Rêve de la Planète.

Sans prise de conscience, votre domestication et vos attachements vous coinceront, en vous poussant à des actions qui confortent le système de croyances qu'ils ont construit. Vous n'exercez pas votre libre arbitre, puisque vous avez abandonné votre volonté personnelle pour pouvoir conserver des idées qui ont été implantées en vous il y a longtemps. Lorsque vous êtes piégé dans le cercle vicieux des automatismes, par définition, vous agissez sans prendre conscience de vos choix. Vous avez troqué qui vous êtes vraiment pour qui vous croyez que vous devriez être. En menant ainsi votre existence en pilotage automatique, sans vous rendre compte des possibilités qui ne cessent de se présenter à vous à chaque instant, vous finissez par vous retrouver toujours dans les mêmes situations, à faire les mêmes choix, et à vous demander pourquoi rien ne change...

AUTRES MANIFESTATIONS DU CERCLE VICIEUX DES AUTOMATISMES

Pensez aux personnes que vous rencontrez régulièrement. Les voyez-vous vraiment, à chaque fois, telles qu'elles sont dans le moment présent ? Ou bien est-ce que vous supposez automatiquement que vous les connaissez, et ne voyez donc qu'une image d'elles dans votre esprit ? Sans prise de conscience, votre esprit fait des suppositions qui se basent sur votre expérience passée avec ces personnes. Par conséquent, vous ne les voyez pas telles qu'elles sont aujourd'hui, mais vous projetez plutôt sur elles une identité qui n'est plus d'actualité, puisqu'elle se fonde sur le passé que vous avez partagé. C'est ainsi que quelqu'un de proche peut être en train de changer ou d'essayer de le faire, mais vous ne pouvez pas le voir parce que vous êtes attaché à l'image précédente que vous avez de cette personne dans votre esprit.

Cela ne veut pas dire que vous ne deviez pas prendre en compte votre expérience passée avec elle lorsque vous prenez vos décisions à présent ; mais, si vous êtes dans une conscience vigilante, vous pouvez voir que nous sommes tous en train de changer, tout le temps. La personne qui se tient en face de vous maintenant n'est pas la même que celle que vous avez vue hier. La différence peut être subtile ou grande, mais à coup sûr elle est là.

Un autre malentendu courant consiste à remplacer un automatisme par son opposé et à prendre cela pour un choix conscient. Je vois souvent ce comportement chez les personnes qui essaient de briser les croyances de leur enfance. Lorsque vous êtes fortement en désaccord avec une idée qu'on vous a imposée étant enfant, vous pouvez vous rebeller complètement et faire l'opposé. Même si vos intentions peuvent être nobles, faire l'opposé pour le seul plaisir d'être complètement différent, ce n'est pas du libre arbitre, étant donné que ces deux façons d'agir font partie du cercle vicieux des automatismes. Vous ne prenez pas le temps de faire la paix avec votre passé, d'examiner les options qui vous sont offertes et de déterminer s'il y a un autre choix qui ait votre préférence. Vous êtes simplement en train de rejeter l'idée d'une autre personne sur la façon de mener votre vie, et de la contredire en prenant l'extrême opposé. Vous continuez à donner du pouvoir à votre domestication, mais cette fois en faisant l'inverse, en laissant l'option contraire créer pour vous votre identité.

Choisir l'opposé pour l'amour du contraire est souvent dicté par la peur, et tout choix dicté par la peur n'est pas un libre choix, aussi bien intentionné soit-il. Une fois que vous avez passé en revue toutes les options qui vous sont possibles, vous pouvez toujours choisir de prendre l'orientation opposée, mais la différence est qu'il s'agit maintenant pour vous d'un choix conscient, un choix que vous faites en ayant pris conscience des choses, plutôt qu'en prenant le contre-pied de ce qui vous a été imposé : vos actions sont alors gouvernées par l'amour de soi et non par la peur.

Au lieu que vous soyez tenu par des automatismes ou par des réactions d'opposition, la conscience éveillée vous permet de vous apercevoir de toutes les possibilités qui vous sont offertes. Vous vous rendez compte non seulement de la domestication qui essaie de contrôler vos choix, mais aussi de vos réactions à cette domestication. En ayant pris conscience des deux, vous êtes libre de choisir ce qui vous rend heureux dans le présent.

Le simple fait de faire une pause avant de prendre une décision ou d'agir, en pensant à ce que vous voulez vraiment dans la situation présente en regard de ce qui peut être un choix automatique, est le premier pas pour rompre le cercle vicieux des automatismes. Si vous prenez simplement un moment pour être dans le présent en vous demandant : « Qu'est-ce que je veux vraiment maintenant ? », la réponse peut, dans certains cas, vous surprendre.

En pratiquant de mieux en mieux la conscience éveillée, vous apprenez davantage à connaître vos véritables préférences et vous prenez confiance en vous, car vous vous appuyez sur votre propre désir et votre volonté. Inversement, en prenant davantage conscience de vos domestications et attachements actuels, vous repérez quand ils vous mènent à prendre des décisions et à porter des jugements de façon automatique dans votre vie quotidienne. C'est là le premier pas pour reconquérir votre désir et votre volonté, ainsi que votre liberté de choix, car plus vous êtes dans la pratique d'une conscience éveillée et moins vos choix et jugements seront des automatismes.

LA PRATIQUE FAIT LE MAÎTRE

Il peut être angoissant de faire en conscience des choix différents. Voilà que vous quittez votre zone de sécurité, qui a fait ses preuves, pour entrer dans l'inconnu. Être un Maître de Soi ne signifie pas que vous ne serez pas effrayé lorsque vous ferez un choix nouveau – vous pouvez avoir tout lieu de l'être –, surtout si votre choix repousse les limites de ce que vous avez précédemment mis en place et vous amène ainsi dans un endroit nouveau pour vous. Mais ce n'est que dans le royaume de l'inconnu que la véritable transformation peut se produire : faire un choix que vous savez avoir à faire pour évoluer, malgré la peur que cela éveille en vous, est très différent de laisser la peur vous dicter votre choix. C'est une évidence qui échappe souvent aux gens.

En commençant à mettre ces outils en pratique, il est très vraisemblable qu'il vous arrivera de retomber dans vos vieilles habitudes et de prendre automatiquement des décisions ou de choisir des choses qui ne seront pas alignées avec votre Moi authentique. Rappelez-vous d'être doux et bienveillant envers vous-même dans ces moments-là, car, lorsque l'on commence à créer un nouveau Rêve personnel, il se produit une sorte de va-et-vient naturel entre réponses automatiques et prises de conscience, une danse entre amour conditionnel et amour inconditionnel, entre domestication et liberté. En apprenant à repérer et à libérer vos domestications et attachements, cette conscience éveillée sera de plus en plus disposée à guider vos décisions. La conscience éveillée est l'outil qui vous permet de vous concentrer sur votre intention et de briser le cercle vicieux des automatismes, et sa pratique régulière est ce qui fera de vous un maître.

* * *

La pratique du guerrier contraire

Pendant les prochains jours, tentez l'expérience de faire des petites choses d'une façon différente de la normale. Par exemple, si vous vous brossez normalement les dents de la main droite, essayez de la gauche. Mettez d'abord la chaussure opposée à celle que vous enfilez habituellement la première, prenez une route différente pour aller à votre travail, asseyez-vous dans les transports à une autre place que d'ordinaire, etc.

Bien que cela puisse vous paraître simple, pratiquer assidûment cet exercice va vous aider de trois façons. D'abord, en prenant conscience de tous les petits choix que vous faites au cours de la journée et en agissant à l'inverse de vos habitudes, vous allez entraîner votre esprit à observer ce qui se passe dans le moment présent, plutôt qu'à errer comme il a tendance à le faire lorsqu'il considère qu'il s'agit de choix « sans importance ». Ensuite, en faisant des choix différents sur de petites choses (de celles que vous finissez par préférer faire comme c'est normal pour vous), vous vous préparez à répondre à la question « Qu'est-ce que je veux véritablement en ce moment ? », lorsque des choix pour des choses plus importantes se proposent à vous. Troisièmement, en faisant des choix différents sur les petites choses de votre vie et en découvrant la variété des possibilités, vous faites un pas dans l'inconnu, c'est-à-dire au seul endroit où une véritable transformation peut se produire.

*

* *

Développer votre vigilance

À tout moment, beaucoup de choses se passent en vous et autour de vous, mais vous n'avez pas conscience d'un grand nombre d'entre elles parce que, comme bien des personnes, vous êtes perdu dans les histoires que vos narrateurs ne cessent de tisser plutôt que d'être présent dans le moment. Ce n'est pas la peine de vous en vouloir pour autant ; il s'agit simplement du conditionnement actuellement prédominant dans le Rêve de la Planète.

Dans l'exercice qui suit, vous allez commencer à développer votre vigilance par l'observation. Vous aurez besoin d'un minuteur ou d'une montre-chrono pour cette pratique, à laquelle vous allez vous exercer au début pendant deux ou trois minutes, pour arriver peu à peu jusqu'à quinze ou vingt minutes.

Lisez une ou deux fois les étapes présentées dans les paragraphes ci-dessous, enclenchez le minuteur et parcourez de mémoire ces étapes en reprenant ce que vous avez lu. Ne vous inquiétez pas si vous ne vous souvenez pas de tout, vous deviendrez plus performant à chaque fois que vous ferez l'exercice.

1. Pour commencer, asseyez-vous confortablement dans une pièce tranquille. Débranchez la télévision, la radio ou tout autre appareil qui pourrait détourner votre attention. Enclenchez le minuteur et fermez les yeux.

2. Ensuite, amenez en conscience votre attention sur le moment présent. Pour cela, vous acceptez d'abord que, pendant les deux minutes qui vont suivre, vous n'aurez pas besoin de penser au futur ni au passé. L'esprit résiste souvent à cette idée au début, car il adore passer du temps à revoir le passé ou à prévoir le futur.

3. En restant tranquillement dans le moment présent, amenez votre conscience à vos oreilles et à ce qui se passe à l'extérieur de vous. Observez les sons que vous entendez, comme le ronronnement du réfrigérateur, le tic-tac d'un réveil, les oiseaux qui pépient au loin, et le bruit de votre propre respiration. Ce sont là les sons que l'esprit ne remarque pas

d'ordinaire, car, pour les narrateurs, ils sont « sans importance ». Si vous écoutez attentivement, vous pouvez aussi entendre le silence qui est juste derrière ces sons.

4. En vous tenant tranquillement dans le moment présent et en écoutant ce qui se passe autour de vous, tournez à présent votre attention vers l'intérieur. Ne restez pas dans votre tête où d'habitude votre attention réside. Ressentez votre corps dans toutes ses parties, en faisant un balayage intérieur tout du long jusqu'aux orteils. Vous êtes tellement plus que votre mental ! Observez les zones qui sont raides, lourdes ou inconfortables. Portez votre attention sur votre souffle. En tant qu'humains, nous faisons quotidiennement plus de vingt mille respirations, mais, sur la plupart de nos journées, nous n'en remarquons même pas une d'entre elles. Ensuite, en inspirant, envoyez votre souffle sur les zones raides, lourdes ou inconfortables de votre corps, et imaginez qu'en expirant votre souffle vous lave de toutes ces sensations négatives. Restez vigilant au présent, les yeux fermés, en lâchant le passé et le futur, en écoutant le monde extérieur, et en ressentant votre corps en totalité.

5. Tout au long de ce processus, observez les pensées qui montent en vous alors que vous êtes au repos. N'essayez pas de lutter contre vos pensées ni de les contrôler, mais, lorsque vous remarquez que vous vous trouvez pris dans un enchaînement de pensées, ramenez simplement votre attention au moment présent, écoutez le monde extérieur et ressentez en totalité votre corps et votre respiration. Lorsque le minuteur

sonne, ouvrez les yeux et amenez dans le monde où vous êtes votre expérience du moment présent.

* * *

À la fin de cet exercice, faites mentalement la liste des pensées qui vous sont venues. Quelle était la catégorie prédominante ? Les pensées qui reviennent le plus souvent indiquent ce qui est le plus important pour vous en tant que personne, et elles concernent vraisemblablement les domaines où vous portez des masques dans vos relations au monde. Dans le chapitre qui suit, nous allons explorer le concept de masque et la façon juste de s'en servir.

CHAPITRE 7

DES MASQUES MULTIPLES

Avez-vous remarqué que, dans votre participation au Rêve de la Planète et vos échanges avec les êtres magnifiques qui partagent votre Rêve, vous projetez souvent une image ou une identité de la façon dont vous voudriez que les autres vous voient ? C'est là quelque chose de normal : jouer un rôle peut vraiment être un outil utile pour naviguer dans le monde, parce que cela vous rend plus faciles vos relations avec les autres et leurs relations envers vous. Il est également probable que, pour s'adapter à la situation ou à la personne que vous rencontrez, chacun de ces rôles ou identités que vous projetez va légèrement se modifier. Par exemple, l'image que vous projetez lorsque vous rendez visite à vos grands-parents est probablement très différente de celle qui est la vôtre lorsque vous sortez avec vos meilleurs amis.

Dans notre tradition toltèque, nous disons que, dans toutes ces interactions, c'est comme si nous avions emprunté un masque pour un moment, ou une identité temporaire pour pouvoir être en relation d'une certaine façon. Le masque que l'on porte est la façon dont on se définit et s'identifie aux autres en partageant nos connaissances, rôles ou expériences. Même si le masque nous permet de nous comprendre les uns les autres, en dernier lieu, ce n'est qu'une représentation, et ce qu'il symbolise dépend de notre accord.

Par exemple, les masques que je porte sont ceux de mari, père, écrivain, enseignant, chaman, jogger et fan de foot. Les autres exemples que je pourrais donner concernent la façon d'être en relation les uns les autres autour de centres d'intérêt précis. Si nous parlons d'art, de yoga, d'histoire ou de tout autre sujet en commun, nous commençons à nous comprendre et à nous voir à travers le filtre des intérêts que nous partageons, car développer des relations avec d'autres qui ont les mêmes passions nous permet de donner forme et sens à nos paroles. Dans la relation, nous nous stimulons mutuellement dans notre compréhension intellectuelle et émotionnelle, et c'est ce genre d'interaction qui nous permet de cocréer le Rêve de la Planète.

En tant que Maître de Soi, j'adore participer au Rêve de la Planète, et je peux avoir recours à de multiples masques pour entrer en relation avec les autres et cocréer de façon plus efficace, mais, très profondément, je sais qu'aucun de ces masques n'est véritablement moi, aucun n'est le Moi véritable. Un masque est simplement la connaissance qui a pris forme avec les accords que l'on utilise pour être en interaction avec la vie, avec les gens. Un masque est une identité. Je choisis de porter un masque pour le bénéfice qu'il m'apporte en me permettant de naviguer dans le Rêve, mais aucun ne peut englober ma force de vie, mon Être authentique. Lorsqu'on est domestiqué, le masque cache qui on est – et on croit que ce qu'on est, c'est le masque ! Mais lorsque la domestication nous a quittés, le masque ne cache plus, et nous ne cachons plus qui nous sommes. Il est simplement fait des accords créés par nos liens aux autres, qui ont donné forme à la façon dont nous nous voyons réciproquement.

Vous n'êtes aucun des masques que vous portez : cette distinction est essentielle parce que, lorsque vous croyez qu'un rôle, une identité, une carrière, un statut social ou l'un de vos centres d'intérêt est qui vous êtes vraiment, vous tombez à nouveau dans un piège, et la souffrance vous attend au tournant. Et puisque ces rôles et identités n'ont d'existence que dans le Rêve de la Planète, comme toute chose dans le Rêve, ils sont soumis à la dégénérescence et à la mort. À cause de cela, un Maître de Soi porte son masque, quel qu'il soit, en ayant pleinement conscience qu'il ne s'agit que d'un masque, d'une identité temporaire pour servir une fonction, et il le retire sans problème lorsqu'il n'en a plus besoin.

Par exemple, ma femme peut avoir besoin que je sois un mari qui la soutienne lorsqu'elle a eu une journée difficile, et bien volontiers je lui donne mon affection et lui offre la sécurité. À différents moments, mes enfants peuvent avoir besoin que je sois un professeur, un ami, un compagnon de jeu et même, parfois, quelqu'un qui met de la discipline. J'ai conscience que ce sont des masques que j'ai choisi de porter et, de ce fait, je peux les enlever lorsqu'ils ne sont plus nécessaires. Ils ne proviennent pas d'une identité permanente, et je n'essaie pas de correspondre à celui que ceux que j'aime voudraient que je sois. Je comprends simplement ce dont ils ont besoin de moi au moment présent, et je choisis d'agir de la façon que je ressens comme étant celle qui peut les aider au mieux.

Lorsque vous créez une image de vous dans votre travail, ou vos études, ou en tant que mari, musicien, chercheur spirituel ou tout autre rôle, et que vous vous servez de ce masque dans vos relations avec les autres, dès que vous oubliez qu'il s'agit d'un masque, votre acceptation de vous-même se retrouve liée à celle des autres et à leurs applaudissements, qui saluent votre performance dans ce rôle. Ainsi tributaire, si vous ne correspondez pas aux standards qu'ils ont instaurés pour ces rôles, ou à ceux que vous avez établis pour vous-même, vous allez vous rejeter vous-même. C'est là un nouvel exemple de domestication et d'autodomestication à l'œuvre, et cela se produit dès que vous confondez le masque que vous portez avec qui vous êtes vraiment. S'accrocher trop étroitement à un masque ne peut mener qu'à de la souffrance.

Un autre problème qui arrive lorsqu'on s'identifie à son masque, c'est que l'on va souvent essayer de le garder actif longtemps après qu'il n'est plus nécessaire de le porter. Nous assistons à cela dans de nombreux phénomènes du Rêve de la Planète, comme les parents qui essaient de s'occuper de la vie de leurs enfants longtemps après qu'ils ont grandi, ou ces personnes qui continuent à fonder leur propre importance sur ce qu'elles ont été dans le passé, dans leurs fameux « jours de gloire ». Ce sont là des exemples courants de ce qui se passe lorsqu'on s'accroche à un rôle précis alors qu'il est évident que le temps pour ce rôle est révolu. Ceux qui continuent à soutenir de la sorte leur illusion ne sont souvent pas conscients de le faire, mais, à chaque fois que l'on croit en quelque chose qui n'est plus vrai, le résultat est toujours le même : on se perd à nouveau dans le brouillard.

Ce qui nous amène à un point important : une partie de la Maîtrise de Soi consiste à pouvoir se détacher de n'importe quelle identité que l'on a pu acquérir dans le Rêve de la Planète. Vous et tous ceux que vous connaissez avez été domestiqués à l'idée que votre nom est untel, que vous venez de tel endroit, que vous êtes né là et avez grandi là, et que vous aimez ceci et n'aimez pas cela. C'est là ce que j'appelle les « premiers masques », et, bien qu'ils soient certainement représentatifs de la vérité sur un certain plan et servent à une fonction bien utile dans le Rêve de la Planète, tous les attributs donnés par ces descriptions ne sont que des masques : ils ne peuvent englober l'énergie de la conscience éveillée, l'Être authentique que vous êtes, le Moi authentique.

J'y fais référence comme à vos premiers masques parce que vous les avez acquis dans votre enfance, et qu'ils ont été projetés sur vous à travers la domestication. C'est une partie normale du fait de grandir dans le Rêve de la Planète, et c'est quelque chose qui continue d'avoir lieu depuis longtemps, très longtemps. Ces premiers masques sont apparus avant votre naissance, dès que vos parents ont su que vous alliez venir au monde. Ces masques vous ont été tendus dans votre enfance et vous les avez pris et les avez faits vôtres sans comprendre ce que vous faisiez. Vous avez agi ainsi parce que vous observiez que tout le monde en portait un et que c'était quelque chose de normal dans votre société et votre culture. Certains d'entre vous ont pu porter un masque qu'ils savaient faux, en se forçant, pour pouvoir être acceptés par leur famille. Le temps passant, vous avez perdu le contact avec votre Moi authentique, ce qui veut dire que vous avez oublié que les masques que vous portiez n'étaient que des masques, et vous avez commencé à croire qu'ils étaient la vérité.

C'est ainsi que vous avez commencé à vous intoxiquer dans la fête, à vous perdre dans la fumée et le brouillard. En faisant l'erreur de voir le masque comme étant qui vous êtes et ce que vous êtes, la confusion a commencé pour vous entre qui vous étiez et ce qui était défini par le masque, plutôt que d'avoir accès à l'expérience du Moi authentique. Être dans la conscience du Moi authentique, c'est faire l'expérience de soi en tant qu'énergie donnant la vie à votre corps et à votre esprit, en tant que pouvoir qui vous a permis à l'origine de créer vos masques. À présent, en tant que Maître de Soi, vous êtes éveillé à qui vous êtes vraiment, sans vous enivrer d'autre chose. Vous n'intériorisez pas l'identité ou l'histoire que le masque symbolise, et il en résulte que vous pouvez prendre et reposer vos masques selon vos besoins.

CHANGER DE FORME

Dans le Rêve de la Planète, la plupart des personnes que vous rencontrez sont intoxiquées à un certain degré, avec pour conséquence qu'elles ne peuvent rien voir à travers la fumée et le brouillard. Par conséquent, elles projettent sur vous l'image ou l'identité qu'elles veulent voir plutôt que celle qui est effectivement là. Cette identité qu'elles vous assignent se fonde sur leur propre domestication, leurs attachements et leurs accords. En tant que Maître de Soi, vous vous en rendez compte, et cela vous permet de respecter la projection que les autres font sur vous, surtout si le faire leur est utile. Vous acceptez de changer de forme.

Savoir que les autres projettent sur vous un masque, même si vous avez choisi d'enlever les vôtres, vous permet de changer de forme en toute conscience et avec compassion pour vous adapter à chaque situation. Sept milliards de personnes vous verront de sept milliards de façons différentes, et chacun de ces masques est la compréhension qu'a chacune de ces personnes de qui vous êtes. Votre éveil de conscience vous permet de ne croire aucune de leurs projections, parce que vous n'avez besoin d'aucun masque pour savoir qui vous êtes. Mais vous continuez à respecter ce qu'elles perçoivent de vous. Vous choisissez de voir chaque masque comme un miroir qui va réfléchir différents aspects de vous, et dont vous pourrez apprendre ou non quelque chose. Quelqu'un qui change de forme est sans forme parce que la vie est sans forme. Bien entendu, la connaissance crée et nous donne une forme ; un masque va donc nous donner une forme dans la perception de l'autre.

Ainsi, revenons à l'exemple de la grand-mère et du garçon dont nous avons parlé dans les chapitres précédents. Imaginez que le garçon a grandi et qu'il se rend compte que sa grand-mère l'a domestiqué pour qu'il finisse toujours son assiette, même quand il n'avait plus faim. À présent qu'il en est conscient, il sait qu'il est préférable pour lui et pour son corps d'arrêter de manger lorsqu'il sent son estomac rempli : il s'est débarrassé de la notion de « c'est un péché de ne pas finir ta nourriture » en tant qu'outil de domestication.

C'est parfait – jusqu'à ce qu'il aille chez sa grand-mère pour Noël. Comme vous pouvez l'imaginer, elle projette encore sur lui l'identité de son petit-fils ainsi que la domestication selon laquelle il faut qu'il finisse son assiette. Et comme il la respecte, il ne va sans doute pas choisir de lui dire : « Je rejette ta domestication et je ne mangerai pas plus que ce que je veux. » Au lieu de cela, il voit l'amour qu'il y a dans son intention à elle, et, en conscience, il peut choisir de porter un masque pour Noël qui soit à son avantage à elle, et de finir toute la nourriture dans l'assiette qu'elle lui donne. Cependant, il peut aussi choisir de nourrir le chien sous la table avec les restes, ou de les jeter quand elle ne regarde pas, ou de lui dire doucement : « Non merci, Grand-Mère. Ce repas était délicieux, mais à présent je n'ai plus faim du tout. »

Dans toutes ces réponses, il choisit de ne pas troubler le Rêve personnel de sa grand-mère parce qu'il voit la relativement petite importance du fait de finir son assiette contre celle de ne pas le faire, et il joue son jeu à elle. Parce qu'il est en paix avec son passé, il n'a pas besoin de se rebeller, ni de domestiquer sa grand-mère pour montrer qu'il a raison ; son respect de soi s'exprime à travers ses actions. Même s'il ne peut l'empêcher de projeter un masque sur lui, il a conscience que c'est son choix à lui de le porter ou non. En conséquence, il agit à présent avec la conscience de sa domestication passée et des nombreuses possibilités qui s'offrent à lui dans le moment présent, sans perdre de vue son Moi authentique.

Bien sûr, il existe d'autres situations plus sérieuses où vous pouvez choisir de rejeter le masque que quelqu'un essaie de vous faire porter. Par exemple, j'ai une amie dont le mari, peu de temps après leur mariage, a clairement spécifié les idées très précises qu'il avait sur ce que voulait dire pour lui une « bonne épouse ». En bref, il voulait qu'elle s'habille d'une certaine façon, qu'elle ne revoie plus ses anciens amis, et qu'elle s'en tienne à son avis lorsqu'ils avaient à prendre d'importantes décisions pour leur couple – autant de choses qu'elle a refusées. Accéder à ses demandes n'aurait pas été changer de forme, mais plutôt rejeter complètement son Moi authentique pour faire plaisir à quelqu'un d'autre. Dans le cas présent, mon amie a refusé de mettre le masque que son mari essayait de lui faire porter. Elle ne voulait pas changer de forme à son avantage à lui, parce qu'agir ainsi aurait violé sa vérité personnelle. Elle pouvait voir qu'il essayait de la domestiquer avec des croyances qui lui venaient du système de domestication dans lequel il avait grandi. Elle a finalement choisi de parler avec le cœur pour lui dire ce qui était vrai pour elle, et heureusement il l'a écoutée et a changé de modèle de référence.

Voir les autres à travers le regard de l'amour inconditionnel vous permet de prendre la meilleure décision qui soit dans le moment présent pour ce qui est de porter ou non un masque, ou de changer de forme selon ce que les autres perçoivent. La chose la plus importante est que, lorsque quelqu'un projette un masque sur vous, vous vous en rendiez compte, parce que vous pouvez alors faire un choix conscient concernant votre façon d'agir dans la situation donnée.

PROJETER UN MASQUE SUR LES AUTRES

S'il est extrêmement important de prendre conscience des masques que les autres projettent sur vous, il est tout aussi important d'avoir conscience des moments où l'on projette des masques sur les autres. Lorsque vous projetez des identités ou des rôles sur les autres, vous créez un ensemble d'attentes par rapport à leur comportement, et voilà que le brouillard de l'amour conditionnel revient s'insinuer pour voiler votre vision. À travers la projection d'un masque, vous créez dans votre esprit une identité de la personne, et puis vous la jugez pour ne pas jouer le rôle que vous vouliez qu'elle joue. Si vous n'en avez pas conscience, vous pouvez agir ainsi avec vos parents, enfants, amis, collègues, ou qui que ce soit en réalité.

Parfois, la projection peut être subtile. C'est souvent ce qui se passe lorsque vous supposez que, parce quelqu'un ressent les choses ou se comporte d'une façon précise dans un certain domaine de sa vie, vous pensez savoir comment il ressent ou se comporte dans une autre situation, qui n'a souvent aucun rapport. Déceler et lâcher ce genre de projections, c'est ce qui fait de vous un Maître de Soi.

Par exemple, je connais une femme que j'appellerai Lisa, qui a récemment suivi une chimiothérapie pour un cancer du sein. Sur une période de dix-huit mois, elle a su gérer la maladie, non seulement en remplissant son rôle de mère avec ses jeunes enfants, mais elle a aussi participé à six marathons. Elle est une mère. Elle est une marathonienne. Elle est une survivante. Lorsque j'observe les interactions de Lisa avec les autres, j'observe que beaucoup projettent sur elle le masque qu'ils veulent. Ils forment des attentes basées sur la manière dont ils pensent qu'elle devrait se comporter. Nombre d'entre eux la voient seulement comme une survivante de sa maladie, et ils s'attendent à ce qu'elle arbore fièrement ce badge. Lorsqu'elle ne vit pas selon les normes de la façon dont une survivante d'un cancer du sein « devrait » se comporter, ils se sentent offensés. Pourquoi est-ce qu'elle ne porte pas un ruban rose en octobre ? Pourquoi est-ce qu'elle ne ramasse pas des fonds pour les œuvres de bienfaisance dans toutes les courses auxquelles elle participe ? Lorsque ces mêmes personnes découvrent que Lisa est également chasseuse, elles ont souvent du mal à faire l'unité de ce qu'elles projettent sur les rôles de mère, marathonienne et survivante d'un cancer du sein avec celui de chasseuse. Comment une personne aussi pleine de compassion peut-elle tuer et manger des animaux ?

En même temps, dans son groupe de chasse, certains ne comprennent pas pourquoi Lisa fait tous ces marathons, pratique la méditation et lit des ouvrages de spiritualité. Ceux d'un troisième groupe de personnes, qui pratiquent la course, ne connaissent rien de ses autres masques et trouvent simplement auprès d'elle inspiration et soutien quand ils s'entraînent pour leur premier marathon. Chaque groupe projette un masque différent, en étiquetant la totalité de l'expérience complexe de Lisa sous l'appellation unique qu'ils lui ont donnée. Lorsqu'elle agit d'une façon qui ne correspond pas à l'idée à laquelle ils tiennent, cela peut déclencher chez eux une forte réaction émotionnelle. Cela en a même conduit à essayer de discréditer ou d'embarrasser Lisa, parce qu'ils ont pris personnellement sa façon d'agir et se sont sentis en colère ou blessés par elle. Comme les conditions auxquelles ils tenaient n'étaient pas remplies, ils ont jugé qu'elle n'était plus digne de leur amour. Au crédit de mon amie, je dirais qu'elle ne se laisse définir par aucun des masques qu'elle porte ni aucun des masques que les autres essaient de la forcer à porter.

Lisa se sent humble quand des personnes se tournent vers elle pour qu'elle les inspire dans leur lutte contre le cancer ou l'entraînement pour les marathons, et elle montre de la compassion lorsqu'elle a affaire à des personnes qui ne sont pas d'accord avec ses choix dans d'autres domaines. Elle vit sa vérité personnelle d'une façon qui profite à la fois à son Rêve personnel et au Rêve de la Planète. Les gens lui demandent comment elle a pu continuer à courir tout en suivant une chimiothérapie, et sa réponse est simple: « J'ai fait du mieux que j'ai pu à tout moment, et je n'ai jamais laissé le cancer déterminer qui je suis. »

Parce que mon amie en a conscience, elle peut se servir des masques que les autres projettent sur elle pour être en relation avec eux d'une façon qui ait du sens, sans diminuer pour autant son Moi authentique. Elle partage son expérience personnelle du cancer du sein non pas pour essayer de se définir elle-même, mais parce qu'elle veut aider les autres en leur transmettant ce qu'elle a appris. Prenant temporairement la *persona* correspondant au masque de survivante du cancer, sans pour autant le laisser déterminer qui elle est, elle peut enlever ce masque lorsque l'interaction est terminée. De cette façon, elle démontre qu'elle a le contrôle de ses actions, et c'est la marque d'un Maître de Soi.

En résumé, l'une des plus grandes tentations que vous allez affronter en naviguant dans le Rêve de la Planète est de croire que votre masque, quel qu'il soit, est réel. Et c'est vrai indépendamment du fait que d'autres projettent ou non ce masque sur vous, ou que vous ayez créé ce masque pour vous. Par exemple, si les choses se passent plutôt bien dans votre vie et que vous réussissez dans votre travail ou parvenez à vos buts, votre ego peut vouloir créer et s'accrocher à l'identité de celui qui a « réussi » ou « accompli des choses ». Au chapitre suivant, nous allons explorer plus en détail les pièges associés à ce genre de choses. À l'opposé, lorsque ça ne va pas comme vous le voulez, le parasite peut hurler si fort que vous êtes tenté d'attraper le masque de celui qui a échoué, ou qui n'a pas de valeur.

C'est dans ce genre de cas que votre pratique de conscience éveillée peut vous ramener à la vérité, car votre vrai vous, votre Moi authentique, est bien davantage que ce qu'aucun masque peut montrer. Chaque fois que vous oubliez cette vérité et pensez qu'un masque est réel, la souffrance et l'illusion ne sont pas loin. Un Maître de Soi voit le masque comme un outil et il l'utilise de façon efficace lorsque c'est utile de le faire. Mais parce qu'il n'intériorise pas comme vraie l'identité associée au masque, il peut l'enlever facilement et revenir à son Moi authentique dès que le temps du masque est révolu.

* * *

Identifier vos masques

Les masques que nous portons nous permettent de nous comprendre les uns les autres intellectuellement, émotionnellement et spirituellement. De tous les masques que portent les gens, ceux dont ils ont le plus de mal à se détacher sont ceux qui les associent à un rôle particulier dans le Rêve de la Planète. Ces rôles incluent des choses comme être un parent, un enfant, quelqu'un qui fait tel travail, telles études, etc. Pensez à tous les rôles que vous jouez dans votre vie et faites-en la liste sur une feuille de papier. Le seul fait de les poser par écrit peut vous aider à les voir comme des rôles plutôt que comme qui vous êtes vraiment. Ensuite, examinez cette liste et répondez aux questions suivantes : Y a-t-il des rôles dans cette liste dont vous voudriez vous débarrasser ou que vous voudriez changer ? Quelles démarches vous permettraient de le faire ?

* * *

Qui suis-je ?

Dans la plupart des traditions spirituelles, l'une des plus importantes questions à se poser est celle-ci : « Qui suis-je ? » Dans la tradition toltèque, nous répondons souvent par « l'Être authentique », parce que c'est une formulation qui permet de décrire au plus près la vérité. Mais même cette réponse est incomplète parce que l'ultime vérité de qui vous êtes est plus grande que tout ce qui peut être exprimé par des mots.

Maintenant que vous savez qu'aucun des masques que vous portez ni des rôles que vous jouez est votre vrai vous, prenez quelques minutes pour tourner votre attention à l'intérieur de vous. Et demandez-vous : Qui suis-je ? Et voyez si vous pouvez trouver la réponse en vous… celle qui ne peut être exprimée en mots.

* * *

Pour conclure notre chapitre sur les masques, souvenons-nous de l'enseignement de base présenté précédemment dans ce livre : le monde qui nous entoure est virtuel ; tout cela est un rêve. Et dans la tradition toltèque de ma famille, nous insistons absolument pour que l'on crée des expériences agréables dans le Rêve. En d'autres termes, nous aimons nous amuser ! Agir ainsi implique souvent de se donner pour but de créer quelque chose de beau, ou d'accomplir quelque chose en particulier, mais, comme vous le verrez dans le prochain chapitre sur l'instauration d'un but, il est important de le faire avec une conscience éveillée. Sinon, nous pouvons rapidement transformer notre Rêve personnel en cauchemar. Mettre en place des buts positifs pour nous-mêmes va nous aider à entrer en relation avec les autres et la planète d'une façon aimante et qui ait du sens, et à créer ainsi la sorte de vie que nous voulons vivre.

CHAPITRE 8
SE FIXER UN BUT

Se fixer un but, y travailler et y parvenir est une autre magnifique façon de participer au Rêve de la Planète. Elle vous permet d'apprendre et de vivre des choses nouvelles, de dépasser vos limites ordinaires, ce qui peut vous donner un sentiment positif d'accomplissement, car vous exprimez là votre intention créatrice, en exerçant votre désir et votre volonté.

En même temps, la pratique de vous fixer des buts et d'y arriver peut aussi être un piège qui vous ramène dans le brouillard. Et cela, parce que, dans le Rêve ordinaire de la Planète, il y a la croyance fortement ancrée que la meilleure façon de parvenir à ses buts est de se cravacher, de se sermonner ou d'avoir recours à toute autre forme de dévalorisation de soi pour se pousser à aller où on veut. Il en résulte que beaucoup de personnes croient que la meilleure façon de réussir quelque chose est d'employer mentalement la personnalité caricaturale du sergent qui les pousse intérieurement, avec son discours négatif, à « être à leur maximum ». Sous cet éclairage, il n'est pas surprenant que nombre d'entre nous aient été domestiqués à l'idée que ce type d'autoflagellation est le seul, et éminemment souhaitable, moyen de se motiver pour réussir ce qu'on veut. Cette motivation crée une obsession de résultat qui fait que l'on ne ressent plus la douleur provenant du fait de s'éperonner avec une forme de rejet de soi.

Une façon courante d'appliquer cette méthode concerne l'image du corps. Par exemple, si vous vous regardez dans le miroir et décidez que vous n'aimez pas ce à quoi vous ressemblez par certains côtés – vous pensez peut-être que vous êtes en surpoids, que vous n'êtes pas en forme, etc. –, le parasite va saisir cette opportunité pour vous parler vigoureusement en jugeant que votre corps magnifique qui est là est insuffisant. Dès lors, si vous vous fixez pour but de perdre un certain nombre de kilos ou de modifier votre apparence d'une certaine façon, étant donné que vous le faites en adhésion aux jugements du parasite, cet accord va implicitement poser comme condition que vous ne vous aimerez et ne vous accepterez vous-même que lorsque vous atteindrez votre but, et seulement à ce moment-là. Le processus se met en place si rapidement que, si vous n'êtes pas vigilant, vous ne vous rendez même pas compte que vous êtes tombé dans un piège. Bien sûr, cette pratique de se fixer des buts à travers l'amour conditionnel ne se limite pas à l'image du corps. Dès que vous êtes attaché au résultat de vos efforts, vous vous assujettissez vous-même à l'amour conditionnel. Et cela se passe dans tous les domaines de notre vie.

Les problèmes engendrés par ce type d'approche sont nombreux. D'abord, à chaque fois que vous vous servez d'un discours intérieur négatif comme moyen de parvenir à vos buts, vous impliquez que votre état actuel n'est pas suffisamment bien. Cela invite la voix du parasite à se manifester et à prendre le contrôle de votre mental, avec cette fois comme caution le fait d'essayer seulement de vous « aider ». C'est là encore un exemple de la façon dont le parasite peut être sournois et entrelacer son badinage négatif avec la promesse d'une récompense soumise à condition. Mais, ainsi que nous l'avons vu dans les précédents chapitres, les méthodes du parasite arrivent toujours avec leur bagage de conséquences défavorables.

Ensuite, vous inciter à parvenir à votre but par un discours intérieur négatif laisse peu de place, si vous n'y arrivez pas, à l'acceptation et à l'amour de soi – ce qui vous dispose à davantage d'autoréprimande dans le futur. C'est la raison pour laquelle ne pas parvenir à ce que l'on s'était fixé peut nous laisser parfois avec un sentiment pire qu'au démarrage. À chaque fois que l'on se sert de la voix du parasite pour se motiver, tout manquement à son but lui donne tout bonnement davantage matière à faire des reproches argumentés. Si cela se produit régulièrement, le résultat est qu'on sera de moins en moins disposé à se fixer des buts, ou qu'on va même arrêter de s'en fixer parce que, au niveau du subconscient, on a peur en fait de ce que le parasite va dire si on n'accomplit pas ce qu'on s'est fixé. Chaque fois que vous arrêtez de vous mettre des objectifs à cause de la peur de l'échec, c'est parce que le parasite vous a si durement réprimandé dans le passé que vous ne voulez pas traverser à nouveau une telle expérience. Vous préférez ne pas essayer que d'affronter la peur de l'échec et d'entendre à nouveau le jugement de votre parasite.

De plus, à chaque fois que vous vous jugez pour n'être pas parvenu à réaliser un but précis, vous laissez ouverte la possibilité d'être jugé par les autres, parce que vous êtes déjà implicitement d'accord avec ce jugement. C'est également la façon dont la grande majorité des personnes interagissent intérieurement et avec les autres : elles s'imposent mutuellement buts et attentes et acceptent d'être jugées si l'objectif n'est pas atteint. Cette méthode de se fixer des buts est l'une des façons de faire basiques que l'illusion de l'amour conditionnel répand partout dans le Rêve de la Planète. De la sorte, on rejoint le drame de la fête et on retourne dans le cycle de la domestication et de l'autodomestication.

Il faut admettre que la raison qui pousse à se fixer des buts de cette façon est un piège si efficace que parfois il a l'air de fonctionner. La voix de votre juge intérieur peut vous motiver puissamment : elle se sert des outils que sont la culpabilité, la honte, l'envie et une foule d'autres émotions négatives pour vous pousser à agir. Mais, même lorsque ce discours intérieur négatif semble marcher, le succès est de courte durée. Et cela, parce que, lorsqu'un but est atteint en ayant recours au parasite pour se motiver, peu importe ce qu'on accomplit, le parasite n'est jamais longtemps satisfait et il va toujours mettre la barre plus haut, en faisant que toute acceptation de soi gagnée par ce qu'on a ainsi accompli ne soit que temporaire. C'est pourquoi nous disons dans la tradition toltèque que, si vous attendez d'être aimé et accepté dans le futur, alors vous ne vous aimez pas et ne vous acceptez pas dans le présent.

En liant votre amour de vous-même et votre acceptation de vous-même à un but, votre bonheur vient en réponse à cet accomplissement. Lorsque vous parvenez à votre but, votre estime de vous-même monte provisoirement ; lorsque vous n'y parvenez pas, vous vous amoindrissez dans vos pensées ! C'est là utiliser les buts que l'on se fixe comme outils de domestication de soi, puisque vous avez choisi de vous aimer vous-même de façon conditionnelle en basant cet amour sur le succès ou l'échec dans l'obtention de votre but. Désormais, vous êtes contrôlé par l'attente de « ce que vous devriez être ». Le processus ressemble à ceci :

1. Vous décidez que la personne que vous êtes n'est pas suffisante, aussi vous vous fixez un but pour parvenir à quelque chose.

2. Vous passez implicitement un accord avec vous-même alléguant que vous ne serez digne de votre propre amour que si ce but est atteint.

3. Si vous parvenez à votre but, vous vous jugez en fonction de cela. Si vous n'y parvenez pas, votre juge intérieur place la barre plus haut.

C'est là le piège que le Maître de Soi évite, et la façon d'éviter ce piège est de vous aimer inconditionnellement, en voyant que vous êtes déjà parfait dans le moment présent, et qu'il n'y a aucun objectif que vous ayez besoin d'atteindre pour être digne de votre propre amour.

TROUVER L'ORIGINE ET VOIR SA MANIFESTATION

À un moment donné dans votre enfance, vous vous êtes donné comme objectif de devenir meilleur dans une chose ou une autre. Il s'agissait peut-être d'une matière à l'école, ou d'un jeu au jardin d'enfants, ou d'un instrument ou de toute autre activité. Vous vous êtes vite rendu compte que, par l'entraînement ou la pratique, vous y arriviez de mieux en mieux parce que vous concentriez votre intention vers cette possibilité. C'est là une évolution magnifique qui vous a donné la satisfaction de créer quelque chose dans le Rêve de la Planète.

Mais il arrive aussi un moment, dans ce processus, où vous rencontrez l'idée de vous servir de l'autoflagellation et l'autodépréciation comme moyens de parvenir à votre but. On vous a donné l'idée que vous aviez besoin de vous rudoyer pour atteindre votre objectif, et que vos résultats seraient meilleurs si vous le faisiez. Pouvez-vous vous rappeler quand cela a eu lieu ? Pour la plupart des personnes, cela s'est passé à un âge si précoce qu'il est impossible de le préciser, mais, rétrospectivement, c'était le moment où réaliser quelque chose pour le seul amour de cette chose qui vous faisait plaisir n'était plus suffisant. Votre valeur et l'acceptation de vous-même se sont trouvées liées au résultat ou à la concrétisation des choses. La peur et ses conséquences sont venues s'y mêler, à savoir la peur que si vous n'accomplissiez pas votre objectif la conséquence serait que vous ne seriez plus digne de l'estime de vous-même ni de l'amour des autres. Le moment où la peur est entrée dans le tableau fut aussi celui où parvenir à son but est devenu un outil de domestication, et, bientôt, vous avez adopté cette peur et son autodomestication. Considérons un exemple simple dont beaucoup d'entre nous ont fait l'expérience :

Lorsque vous avez appris au début à monter à vélo, il est vraisemblable que vous l'avez fait parce que c'était amusant. Cela vous donnait le sentiment de réussir quelque chose, et cela vous permettait de faire ce que d'autres enfants faisaient aussi. Vous êtes ensuite passé à d'autres choses, et vous n'avez sans doute plus beaucoup pensé au vélo. Mais pour explorer le scénario, imaginons un moment que vous vous soyez attaché à cette idée : « Je dois être le meilleur cycliste » et « Je n'ai de valeur pour m'accepter et m'aimer moi-même que si je suis le meilleur cycliste ». À moins de devenir cycliste professionnel, cette idée semble stupide, n'est-ce pas ? Vous voyez l'absurdité qu'il y a à faire dépendre l'amour et l'acceptation de soi de sa capacité à faire du vélo – et, pourtant, c'est ce que font tant de personnes quand il s'agit de parvenir à leurs buts pour d'autres choses : le travail, un loisir, l'image de leur corps, leur rôle dans la famille, ou même l'avancée sur le chemin spirituel. C'est ainsi que quelque chose qui a commencé comme une source de plaisir et d'exaltation peut devenir par la suite un outil d'autodomestication.

La domestication de soi par l'instauration d'un but peut être très subtile, et savoir la repérer sous toutes ses formes est ce qui fait de vous un maître. Vous pouvez croire que vous ne vous fixez des objectifs que pour des tâches précises et quotidiennes, mais les implications de cette façon de penser vont bien au-delà de ça. Par exemple, quels buts pensez-vous avoir besoin de réaliser ou d'atteindre pour pouvoir être heureux dans votre vie, ou pour vous sentir entier ? Avez-vous besoin de vous sentir aimé par une personne en particulier ? Vous est-il nécessaire d'avoir une certaine somme d'argent ? Vous faut-il un certain prestige, de la reconnaissance ou un standing social au sein de votre communauté ? Croyez-vous que vous devez parvenir à une grande réalisation spirituelle ? Aimeriez-vous que l'aspect de votre corps soit d'une certaine façon ? Tous ces paramètres sont subjectifs, et ils n'ont que le sens que vous leur attribuez. Mais ils ont en commun que, si vous faites de leur réussite une condition à votre bonheur, vous en faites également des instruments pour votre propre domestication.

En tant que Maître de Soi, la façon de vous en sortir est de vous rappeler que vous êtes parfait dans le moment présent, et que vous n'avez pas besoin de faire ou de réussir quelque chose pour être complet. Il est tout à fait bien de vouloir accomplir des choses dans le Rêve de la Planète pour savoir quelles sont vos forces et voir ce que vous êtes capable de faire ; mais en tant que Maître de Soi, votre priorité est de vous aimer inconditionnellement tout au long du processus d'œuvrer aux buts, quels qu'ils soient, que vous vous êtes fixés.

SE FIXER DES BUTS DANS L'AMOUR INCONDITIONNEL DE SOI

C'est peut-être là l'une des habitudes les plus difficiles à changer, car la plupart des personnes ont été domestiquées si sévèrement et si subtilement à l'idée qu'un discours intérieur négatif est nécessaire pour atteindre ses buts qu'elles n'ont même jamais envisagé une autre façon de faire : se fixer des buts depuis un endroit en elles d'amour inconditionnel de soi. Pourtant, agir ainsi peut radicalement changer votre Rêve personnel et votre façon d'être en interaction avec les autres dans le Rêve de la Planète.

Lorsque vous pensez à quelque chose que vous voulez accomplir, ou à un but auquel vous voulez parvenir, la première étape est de vous rappeler que c'est quelque chose que vous voulez faire. Vous savez qu'en vérité il n'y a nulle part où aller, rien à faire ni à atteindre, parce que toute recherche de perfection à l'extérieur de vous-même est en fait un mouvement qui vous éloigne de la perfection. De plus, vous vous souvenez que le monde autour de vous est un rêve, et que vous êtes en même temps celui qui crée et celui qui est créé dans le rêve.

Depuis cet endroit de prise de conscience et d'amour inconditionnel de soi, vous vous rendez compte que, dans votre Rêve personnel, il y a quelque chose que vous voulez créer, changer ou réussir. Vous êtes en train de jouer dans le Rêve pour le seul amour du jeu. Il ne s'agit pas d'un effort pour réparer quelque chose de vous, ni pour vous aimer de façon conditionnelle. Se proposer des buts dans ce contexte est un très beau processus naturel, et les méthodes que vous employez pour déterminer ces objectifs émanent du fait de vous savoir parfait. À présent, vous entamez le processus d'instaurer vos objectifs depuis un endroit en vous d'amour inconditionnel, plutôt que d'un endroit de peur, de honte ou de doute. Les changements que vous voulez faire ou les objectifs auxquels vous voulez parvenir sont entrepris parce que vous les voulez vraiment, et non à cause d'un sentiment d'insuffisance, de déficience. Vous n'êtes pas en train de changer à cause de votre domestication passée ou de vos attachements actuels, mais plutôt en train de vous renforcer et d'évoluer au sein du Rêve en faisant quelque chose que vous aimez faire.

Un merveilleux bénéfice du fait de se fixer des buts de cette façon est qu'avec cet amour inconditionnel de vous-même tout au long du processus, vous allez découvrir qu'une confiance en vous naturelle grandit au fur et à mesure de votre avancée vers l'accomplissement de votre objectif. C'est là un sentiment très différent de ce qui peut se passer quand on se pousse soi-même depuis un état de peur, et que l'on fait des efforts pour s'améliorer parce qu'on a peur de l'échec. S'évertuer à réussir depuis un endroit en soi de peur ou de manque crée un Rêve personnel assombri de négativité.

Lorsque votre confiance vient de l'amour de vous-même, vous trouvez de la force dans le fait de savoir que vous pouvez agir au mieux de vos capacités en appréciant le moment, quel que soit le résultat. Parce que votre amour de vous-même ne s'attache pas à un aboutissement particulier, c'est véritablement l'amour de la vie qui est la vraie source de votre motivation pour faire tous vos efforts. En conséquence, vous contrôlez désormais chacun des choix que vous faites tout au long de votre chemin. Vous êtes ouvert à un changement d'objectif si cela s'avère nécessaire, parce que vous ne vous jugez pas vous-même et que, si d'autres personnes jugent vos progrès ou vos compétences, vous savez que c'est là le reflet de leur Rêve, et pas du vôtre.

Soyons clairs, cela ne veut pas dire que tous les buts auxquels vous voulez parvenir seront facilement accessibles ; en réalité, ils peuvent demander pas mal de travail ! La différence est qu'en vous fixant des buts depuis un endroit en vous d'amour inconditionnel plutôt qu'un endroit de peur et d'autoflagellation, vous êtes plus à même de créer un changement réel et durable, en vous faisant plaisir à travailler à la réalisation de votre objectif.

Pour vous expliquer davantage cela, j'aimerais vous donner un exemple tiré de ma propre vie.

Il y a quelques années, je me suis regardé dans le miroir et j'ai dit : « Miguel, tu es parfait. Je t'aime exactement tel que tu es, et je veux que tu sois encore en meilleure santé et que tu apprécies la vie. Alors, tu vas retourner faire de la course à pied. »

Dans les années passées, j'avais couru très régulièrement, mais je ne le faisais plus depuis quelque temps. J'avais toujours aimé courir et cela ne m'avait jamais été difficile : je supposais que je pouvais retrouver facilement ma capacité d'avant. J'ai donc dépoussiéré mes vieilles baskets et je suis parti courir. Mon but était de courir huit kilomètres, mais je n'avais pas fait un kilomètre que j'ai dû m'arrêter. Je sentais le martèlement de mon cœur et j'étais surpris par la lourdeur de ma respiration.

Pour ceux d'entre vous qui me lisent avec attention, un mot dans le dernier paragraphe vous montre le moment exact où je me suis engagé sur un chemin périlleux. J'ai fait la *supposition* que je pouvais facilement courir sur huit kilomètres après une aussi longue interruption – et, bien sûr, il n'était absolument pas possible qu'en reprenant mes vieilles chaussures de course j'arrive au but que je m'étais fixé. En faisant cette supposition, j'ai attendu quelque chose de moi : je me suis fixé un but qui n'était pas réaliste. Lorsque je me suis arrêté de courir après avoir fait à peine un kilomètre, le jugement s'est immédiatement fait entendre dans mon esprit, avec la voix du parasite qui me criait : « Miguel, tu n'es qu'un fichu paresseux ! » En entendant cela, ma conscience s'est réveillée et je me suis rendu compte que les vieux procédés d'autodomestication essayaient de regagner du terrain.

À ce moment-là, j'avais le choix : je pouvais me sermonner et me condamner, ou je pouvais me souvenir qu'il s'agissait simplement là de mon point de départ et que, en tant que Maître de Moi, je m'aimerais moi-même inconditionnellement dans tout le processus. « Sois gentil envers toi, Miguel. C'est là que tu en es aujourd'hui, c'est là ta vérité en ce moment. »

Mon but, par la pratique, était d'être capable d'ici fin mai de courir sur huit kilomètres sans m'arrêter. On était en janvier. Alors j'ai commencé à courir régulièrement, et, comme tout père et mari très occupé, il y a eu pas mal de jours où j'ai dû sauter mon entraînement ou ne pas courir aussi loin que prévu. Mais je ne m'en voulais pas pour autant, et j'ai continué à m'aimer et à m'encourager dans la suite du processus. Certaines fois, cela m'a pris toute ma force de volonté de sortir courir, mais je suis heureux de vous faire savoir que, avant la fin avril, j'avais atteint mon but. Même si j'étais heureux que cela ait lieu, l'acceptation et l'amour de moi-même n'en dépendaient pas. Je me sentais vraiment bien, alors j'ai continué à courir. Deux ans plus tard, j'ai fait mon deuxième marathon et je suis actuellement en train de m'entraîner pour le troisième. Je fais évoluer ce loisir avec passion tout en gardant l'équilibre avec tout ce que la vie peut m'envoyer.

Ce que je veux souligner est ceci : lorsque vous vous servez de l'amour inconditionnel comme point de départ en vous fixant un but, vous restez conscient que la perfection n'est pas liée au résultat final, mais plutôt à la réalité du moment présent. Vous étiez parfait dès le début et vous êtes parfait maintenant, vous êtes parfait à tout moment. Vous êtes à tout moment dans la conscience que le résultat final n'est pas ce qui vous définira. C'est à travers la pratique de cette prise de conscience que vous pouvez voir la perfection qui existe en vous, et cette perfection vous permet de voir aussi celle du monde autour de vous et en chaque être qui vit dans le monde.

* * *

Pratique d'ancrage et mantra

Lorsque vous commencerez à vous émanciper de vos vieilles habitudes et vieilles façons de penser, vous découvrirez que domestication et amour de soi sont présents simultanément. En d'autres termes, vous pouvez concentrer votre intention sur l'instauration de buts depuis un endroit d'amour de vous inconditionnel, mais vous pourrez toujours entendre la voix du parasite qui essaiera de vous pousser dans un discours intérieur négatif quand vous agissez ainsi. Bien souvent, le seul acte d'avoir conscience du parasite va le réduire au silence, mais voici une pratique pour vous recentrer lorsque le parasite persiste.

Quand vous travaillez pour parvenir aux buts que vous vous êtes fixés et que vous entendez la voix du parasite qui tente de vous sermonner ou d'introduire le doute dans votre esprit, la première démarche est de faire une pause, de laisser ce que vous êtes en train de faire, et de regarder à l'intérieur de vous. Amenez votre conscience à votre respiration, en vous concentrant sur le processus qui vous fait vivre par le mouvement de l'air à l'intérieur et à l'extérieur de votre corps. Ensuite, ressentez vos pieds fermement plantés dans le sol en dessous de vous. Mentalement, imaginez que vous êtes connecté à tout ce qui est vivant, à tout ce qui existe, à travers votre souffle et par le sol au-dessous de vous. Faites un balayage de votre corps de la tête aux pieds, car cela vous sort de votre mental et vous rappelle à quoi ressemble d'être dans son corps. Vous êtes bien plus que la voix dans votre tête ! Ensuite, rappelez-vous que c'est parce que vous le voulez que vous êtes en train de faire cela. Vous êtes déjà parfait et vous vous abandonnez à ce qui peut en résulter. Répétez l'affirmation suivante plusieurs fois jusqu'à ce que votre allié reprenne le contrôle de votre esprit :

« Moi, ____________________, je suis parfait et complet ici et maintenant, et je m'aime, quoi qu'il en soit. »

* * *

Visualisation

Dans la tradition toltèque, nous reconnaissons que l'esprit est un outil puissant pour nous aider à réaliser nos buts. Voici un exercice qui peut vous aider à employer le pouvoir de votre esprit en focalisant votre intention sur la création de ce que vous voulez. Faites quotidiennement cet exercice, de préférence le matin, lorsque vous travaillez à un but précis.

Trouvez un endroit tranquille pour vous poser pendant quelques minutes. Fermez les yeux et envoyez-vous, en conscience, de l'amour inconditionnel. Ressentez de la gratitude pour le fait d'être vivant dans le moment présent. Ressentez de la gratitude pour votre corps et votre esprit, car ils sont ce qui vous permet de vivre le Rêve de la Planète. Ensuite, tournez vos pensées vers le but auquel vous œuvrez. Voyez-vous ayant accompli ce but, et concentrez-vous sur les sentiments de gratitude qui vous viennent de l'avoir fait. La clé ici est de ressentir de la gratitude comme si le but était déjà atteint, car c'est cela qui rend l'expérience réelle dans votre esprit. Après quelques minutes de concentration de votre intention sur la gratitude pour avoir réussi ce que vous vous étiez fixé, ramenez votre conscience dans le moment présent. Ouvrez vos yeux et déployez-vous en appréciant le processus de travailler à concrétiser votre objectif.

* * *

Se fixer des buts en conscience peut être un outil précieux pour créer et cocréer dans le Rêve de la Planète, en se souvenant de s'aimer soi-même indépendamment du résultat, ce qui est la clé pour prendre du plaisir tout au long du processus. Bien sûr, il y aura des moments où quelqu'un d'autre va se tenir en travers du chemin qui mène à la réalisation de votre but. La question devient alors : Comment allez-vous réagir ? C'est là le sujet du chapitre suivant.

CHAPITRE 9
COMPARAISON ET COMPÉTITION

Puisque nous arrivons aux dernières leçons de ce livre, reprenons un instant l'analogie avec le football. À présent, au lieu d'être un fan qui assiste à un match avec tel ou tel degré d'attachement au résultat du jeu, imaginez que vous êtes l'un des joueurs sur le terrain.

En tant que joueur, votre but, c'est de gagner le jeu, et vous avez le choix des moyens qui vous motivent pour atteindre ce but. Si ce qui vous motive est la voix de votre parasite, vous allez revenir à la dépréciation de soi et à l'autoflagellation comme étant les seuls procédés pour gagner et pouvoir vous aimer et vous accepter vous-même. Si vous appliquez les façons de faire présentées dans le précédent chapitre, vous pouvez vous aimer vous-même inconditionnellement tout au long du déroulement du match, en l'appréciant pour l'amour même du jeu, quel que soit le résultat.

Mais il y a une grande différence entre se fixer un but qui n'implique que vous (par exemple, courir sur huit kilomètres) et un but qui en implique d'autres (gagner un match de foot).

Dans ce dernier cas, il y aura un adversaire qui va se tenir sur le chemin d'accomplissement de votre objectif. C'est une compétition, et la question devient : Comment allez-vous considérer votre opposant dans ce processus ? Allez-vous l'aimer inconditionnellement ? Pouvez-vous le voir comme une autre manifestation de l'Être authentique ? Ou bien allez-vous le diaboliser, le considérer comme un ennemi qu'il faut vaincre à tout prix ? Et comment allez-vous réagir envers votre adversaire, si vous perdez ?

Ces questions sont importantes parce que la vie dans notre société est souvent présentée comme une compétition. Si vous regardez autour de vous, il y a un message qui revient en abondance au cinéma, à la télévision, dans les livres, et surtout dans la publicité sous toutes ses formes, c'est que toutes les choses que vous voulez dans la vie ne sont là qu'« en quantité limitée » – qu'il s'agisse d'amour, de bonheur, d'amitié, d'un travail ou d'une carrière, de la beauté, de l'argent ou des possessions matérielles… Alors, du fait de cette quantité limitée, il vaut mieux que vous fassiez tout ce qui est en votre pouvoir pour acquérir ce qu'il vous faut avant que quelqu'un d'autre vous devance. L'idée de cette possibilité que l'on peut désigner sous le terme économique de « manque » crée une atmosphère pas très délicate de comparaison et de compétition entre vous et bien des personnes de votre connaissance.

Cette idée de manque possible, avec la disposition mentale de compétition qui en découle, est si répandue qu'il est difficile de la déceler sous les diverses formes qu'elle peut prendre. Par exemple, quand vous rencontrez quelqu'un pour la première fois, observez si vous vous mettez à vous comparer à lui ou à elle à partir des choses qui sont importantes pour vous dans votre vie personnelle. Évaluez-vous l'apparence physique de l'autre personne en la comparant à la vôtre ? Estimez-vous sa richesse matérielle, son niveau d'éducation ou son standing social en comparaison du vôtre ? Ou peut-être vous demandez-vous si la personne est plus « spirituelle » que vous.

Les modes de comparaison diffèrent selon ce qui est important pour vous, mais le fait de comparer mène presque toujours à la compétition, même si cette compétition n'a lieu que dans votre esprit. Le vieux cliché de « vouloir faire aussi bien que ses voisins » rend compte de cette tournure d'esprit vers la comparaison et la compétition. C'est une habitude, et cela demande de la vigilance et des efforts pour s'en libérer.

Il est intéressant de remarquer que les quatre premières lettres du mot « *scarcity* », « manque », sont aussi les quatre premières lettres du mot « *scare* », « peur », parce que la peur est exactement l'idée qu'éveille la possibilité de manquer. En ayant peur qu'il n'y ait pas assez de ce qu'ils veulent, les gens voient les autres comme des rivaux dans le Rêve de la Planète pour avoir accès à des ressources en nombre limité – que ce soit de l'amour, du bonheur, de l'argent, etc. –, et c'est en fonction de cela qu'ils agissent. Comme vous l'avez appris, toute action motivée par la peur ne peut pas être également motivée par l'amour inconditionnel, et au final, elle mène à la souffrance sous une forme ou une autre. Lorsque vous acceptez le concept de manque possible, sans vous poser de question, le résultat, c'est que vous croyez que quelqu'un d'autre peut avoir ou prendre à votre place quelque chose dont vous avez besoin. C'est là un positionnement très difficile envers les autres dans le Rêve de la Planète, car agir ainsi en fait des adversaires plutôt que des amis.

Dans la tradition toltèque, nous comprenons que l'idée de manque, telle qu'elle est très souvent mise en avant dans le Rêve de la Planète, est un mythe. Depuis votre prime enfance, vous êtes domestiqué à la fausse croyance que le manque existe, mais la vérité, c'est qu'il y a toujours suffisamment de ce dont vous pouvez avoir besoin dans le moment présent. Si vous croyez au mythe du manque, le résultat est que vous vivez dans la peur ; vous voyez les autres comme étant en compétition avec vous, et c'est ainsi que vous vous perdez à nouveau dans le brouillard.

Notez que je n'ai pas dit qu'il y aurait toujours assez de ce que vous pouvez *vouloir* dans le moment présent, mais plutôt qu'il y aurait ce dont vous avez *besoin*. Cela fait une grosse différence. Vous pouvez avoir beaucoup de désirs ou de préférences qui n'arrivent jamais à se concrétiser alors que vous aimeriez les vivre, mais un Maître de Soi sait que la vie va toujours lui apporter exactement ce dont il a *besoin* dans le moment présent. Ce n'est pas là simplement une théorie ; vous pouvez vraiment le vérifier par vous même sans attendre.

Prenez un moment pour penser à votre passé et y trouver une ou deux situations significatives d'épisodes où vous n'avez pas eu ce que vous vouliez. Par exemple, souhaitiez-vous une promotion ou un nouveau travail que vous n'avez pas obtenu ? Aviez-vous envie d'avoir une relation intime avec quelqu'un qui, au final, ne le voulait pas ? Dans chacune des situations que vous avez ainsi relevées, que s'est-il passé au lieu de ce que vous souhaitiez ?

Par exemple, j'ai un ami qui a fait l'expérience de cette vérité d'une façon très profonde, il y a quelques années. Lui et sa femme arrivaient à leurs dix ans de mariage lorsqu'elle lui a annoncé qu'elle ne l'aimait plus et qu'elle demandait le divorce. Mon ami a eu le cœur brisé. Il a supplié, plaidé sa cause, et fait tout ce qui était en son pouvoir pour convaincre sa femme de préserver leur mariage. Sans succès. Lorsqu'elle est partie, il est tombé dans une profonde dépression, et il était certain que ce divorce était la pire chose qui pouvait lui arriver.

Mais il a commencé à travailler sur lui. Avec pour conséquence qu'il a commencé à regarder en lui et à lâcher l'idée qu'il savait mieux que la vie même... Lentement, il s'est ouvert à l'idée que ce divorce, même si ce n'était pas ce qu'il voulait, était ce dont il avait besoin. Après environ une année de travail sur lui, il fut capable de se détacher de son passé, de guérir des blessures qui étaient là avant son divorce, et il a recommencé à rencontrer d'autres femmes. Et peu après, il a rencontré l'amour de sa vie : ils se sont bientôt mariés et ils ont à présent trois beaux enfants.

Ce qui est particulièrement remarquable dans cette histoire, c'est que la première femme de mon ami ne voulait pas d'enfant, alors que mon ami en voulait, mais il avait consenti à abandonner ce rêve pour pouvoir vivre avec elle. Rétrospectivement, il est très reconnaissant à sa première femme de l'avoir quitté, car, sinon, il n'aurait pas eu ses enfants chéris et une relation qui le comble de bonheur avec sa femme actuelle.

Ainsi que le montre l'expérience de mon ami, il faut parfois un certain laps de temps entre vous et l'événement pour que vous puissiez voir la vérité de cet enseignement, mais si vous regardez attentivement les situations de votre passé où vous n'avez pas obtenu ce que vous vouliez, vous allez probablement découvrir que vous avez reçu à la place exactement ce dont vous aviez besoin. Même si le résultat final ne démontre pas les choses aussi clairement que dans le cas de mon ami, un Maître de Soi découvre en lui la force d'embrasser ce principe dans l'ouverture du cœur.

Lorsque vous vivez votre vie avec un esprit disposé à la confiance plutôt qu'à la peur, il en résulte que vous arrêtez d'essayer de forcer ou de contrôler les personnes de votre entourage et les situations que vous rencontrez, pour vous en remettre plutôt à ce que la vie vous apporte. Ce qui ne veut pas dire de ne pas essayer de changer les choses quand il est en votre pouvoir de le faire, mais, en tant que Maître de Soi, vous êtes partisan de reconnaître quand les situations sont hors de votre contrôle : en pareils cas, vous faites confiance et vous

vous en remettez à ce que le moment présent apporte, parce que vous savez que vous allez recevoir exactement ce dont vous avez besoin. Du fait que vous ne croyez plus au concept de pénurie possible, vous savez que l'espace pour la compétition et les adversaires n'existe que dans les jeux, pas dans la vie quotidienne. Vous ne vous comparez plus aux autres et vous ne les voyez plus comme des rivaux. Vous faites simplement de votre mieux, et votre passion sera évidente dans vos efforts. Le succès est la conséquence naturelle de faire ce que vous aimez.

Étroitement liée au concept de manque, il y a l'idée dont nous avons déjà longuement parlé : la notion que vous êtes imparfait, défectueux, indigne, ou au mieux que vous êtes simplement insuffisant. Je reviens là-dessus parce que l'idée de pouvoir manquer et celle d'être insuffisant vont vraiment de pair pour vous maintenir dans le brouillard. Pensez-y un instant. Si la personne que vous êtes est imparfaite, défectueuse ou insuffisante, alors il est improbable que vous puissiez acquérir les choses dont vous avez besoin parce qu'elles sont censées être en nombre limité ! L'alliance de ces contrevérités crée un environnement dans lequel l'amour conditionnel prospère avec sa cargaison de comparaisons et compétitions. Le résultat en est la peur de n'être jamais à la hauteur : de n'être jamais assez, et de n'avoir jamais assez.

L'idée de n'être pas suffisant est ancienne, puisqu'elle se pose comme principe dans les mythes et légendes depuis le début de l'histoire dont on garde mémoire. (L'histoire du Jardin d'Éden et celle du péché originel en sont de bons exemples.) Je trouve extraordinaire de voir le nombre de personnes qui, dans le Rêve de la Planète, ont été domestiquées à croire qu'elles ont en elles une sorte de déficience inhérente, et c'est bien la croyance dont le parasite se sert pour que votre esprit soit sous son contrôle.

De toutes les idées fausses auxquelles vous avez été domestiqué, celle de votre insuffisance est peut-être la plus dangereuse. Aussi, laissez-moi être absolument clair à ce sujet : vous êtes plus que suffisant ! Vous êtes parfait et complet exactement tel que vous êtes. Vous n'êtes ni imparfait, ni défectueux, ni foutu, ni méprisable. Beaucoup de la souffrance que vous vivez vous est infligée par vous-même, et on peut en remonter la trace jusqu'à la croyance en ces contrevérités. Ce sentiment de n'avoir pas de valeur est la raison fondamentale pour laquelle vous vous refusez à vous-même l'amour inconditionnel. La chose la plus efficace que vous puissiez faire pour amener des changements dans votre vie est de lâcher cette idée d'imperfection. Une fois que cette fausse croyance est remplacée par l'amour et l'acceptation inconditionnelle de soi, le mythe du manque s'effondre et, par répercussion, la comparaison et la compétition avec les autres prennent fin.

La perfection est quelque chose d'absolument libre de toute imperfection. Mais ce qui se passe, c'est que nous déterminons avec notre propre consentement ce qu'est une imperfection.

Il n'y a rien qui ressemble à une imperfection dans le monde, cela n'existe qu'en fonction des accords auxquels nous donnons notre consentement dans le Rêve de la Planète, c'est donc une illusion. Ainsi, tout dans la vie est parfait.

COMPARAISON ET MODÈLES

Quand nous étions enfants, nous avions tous des modèles ou des personnes que nous admirions et à qui nous voulions ressembler. Dans bien des cas, nos premiers modèles ont été nos parents ou ceux qui se sont occupés de nous au tout début, et par la suite nos proches, nos enseignants, nos figures sportives, nos héros et même nos amis. En grandissant, nos images de modèles ont pu s'ouvrir à des artistes, chercheurs, travailleurs humanitaires, leaders politiques ou enseignants spirituels. Dans tous ces cas, nous avons vu dans ces personnes les qualités que nous voulions en nous, et, par conséquent, nous avons souvent tenté de les imiter. C'est là une merveilleuse façon par laquelle des qualités admirables se transmettent d'un Rêve personnel à celui d'un autre.

Disons par exemple que l'un de vos modèles soit Mère Teresa, la fameuse religieuse catholique du XXe siècle qui, après avoir quitté l'Europe à l'âge de dix-huit ans pour aller en Inde, a fondé un ordre religieux et voué le reste de sa vie à aider les malades et les pauvres. Il y a bien des raisons d'admirer et de vouloir imiter cette femme spéciale : elle agit dans l'amour inconditionnel, la tolérance, la charité et le désintéressement, pour ne mentionner que quelques-unes de ses qualités. Cependant, sans conscience vigilante, vous pouvez également vous servir de son exemple pour vous juger vous-même en vous disqualifiant, et vous dire quelque chose du genre : « Je n'aide pas suffisamment de gens » ou bien « Je ne suis pas quelqu'un de bien comme Mère Teresa ». Dès l'instant où vous faites cela, au lieu de trouver inspirantes les qualités qu'elle manifeste, vous démarrez le processus malsain de vous comparer à elle, et vous vous servez de cette comparaison contre vous. C'est ainsi que le parasite se glisse par la porte de derrière et reprend le contrôle de votre esprit.

Pensez pendant un instant à l'absurdité de la situation. C'est bien la dernière chose que Mère Teresa, ou n'importe lequel de vos modèles véritablement positifs, voudrait pour vous. Lorsque vous vous surprenez à comparer votre vie à celle de l'un de vos modèles et à vous sermonner alors pour n'être pas davantage semblable à lui, cela vous indique que le brouillard revient se glisser en vous pour obscurcir votre vision. Au lieu de vous comparer aux autres et de décréter votre insuffisance, servez-vous de l'exemple de vos modèles comme motivation pour faire en sorte que les qualités que vous admirez chez eux s'épanouissent dans votre vie quotidienne.

Dans mon propre cas, j'ai un très bon ami qui est sur le point d'être sélectionné pour le Marathon de Boston, car il peut courir plus de quarante kilomètres en moins de trois heures et demie. J'admire en lui l'excellent coureur et l'être humain de qualité, mais dès que je commence à me comparer à lui et à comparer nos résultats, je me retrouve à nouveau en train de me domestiquer, en m'accrochant aux réussites d'un autre et en me négligeant moi-même dans le processus. Alors, je fête plutôt ses succès de la même façon que je fête les miens. J'ai couru le marathon en cinq heures cinquante-sept minutes, et je célèbre le fait d'être allé jusqu'au bout. Au lieu de comparer mon temps au sien, je vois tout ce que j'ai accompli et combien j'ai aimé l'accomplir. Cela me permet d'apprécier mon propre savoir-faire, d'être heureux de l'occasion de faire quelque chose que j'aime, et de faire évoluer mes compétences avec ma passion. Je vais apprendre de mon ami et de bien d'autres coureurs, et je me réjouis de notre camaraderie.

Un autre piège lié aux modèles se présente lorsque vous croyez de façon erronée qu'un simple modèle ou un enseignant a toutes les réponses à vos questions. Une situation de ce genre peut souvent avoir lieu sur un chemin spirituel, surtout quand vous commencez à vous éveiller et à émerger de la fumée et du brouillard. Il faut admettre que, selon le niveau de votre domestication antérieure et de vos attachements, il peut *sembler* qu'un modèle ou un enseignant détienne *vraiment* toutes vos réponses, étant donné que vous commencez à peine à trouver votre propre voie. Mais, tout comme le premier bourgeon de votre épanouissement spirituel, vous allez bientôt vous rendre compte qu'en réalité *vous détenez vous-même toutes vos réponses*, et que n'importe lequel des modèles ou des enseignants avec qui vous êtes en relation n'est là que pour vous mener au point du retour à vous-même, au retour chez vous.

Cela ne veut pas dire de ne pas rechercher l'aide des autres lorsque le chemin devient difficile ; nous avons tous besoin d'aide de temps en temps. Mais la différence, c'est qu'en tant que Maître de Soi vous savez qu'au niveau le plus profond tout ce dont vous avez besoin est déjà en vous. En percevant l'abondance plutôt que le manque, vous vous permettez d'être inspiré par les talents et les succès des autres.

En tant que Maître de Soi, vous vous forgez votre propre chemin, en créant votre propre parcours d'évolution intérieure. Vous êtes reconnaissant pour les leçons que vous recevez de vos modèles et de vos enseignants et vous êtes inspiré par leur exemple, mais vous ne vous comparez à aucun d'entre eux, et vous ne souhaitez pas non plus être comme l'un d'eux parce que vous êtes tout à fait satisfait de la personne que vous êtes.

À la fin, vous comprenez que vous êtes unique dans votre expérience de vie parce que personne d'autre ne connaît la vie selon votre façon de percevoir les choses, sauf vous. Il est libérateur de devenir conscient que vous seul contrôlez votre volonté : de savoir cela vous permet de profiter de chaque chose dont vous faites l'expérience, de chacune des choses que vous faites. L'harmonie et la paix que trouve le guerrier toltèque, telles que nous les avons décrites au début du premier chapitre, arrivent lorsqu'on se rend compte qu'il n'y a pas besoin de travailler si dur pour devenir qui on croit que l'on devrait être, parce qu'on est déjà parfait… Le *Je suis* est l'expérience de la vie, ce n'est pas un symbole ni un modèle que l'on doit atteindre. C'est ainsi que la guerre intérieure prend fin, qu'elle trouve sa fin, encore et encore. En tant que Maître de Soi, c'est la paix qui règne en soi.

Les exercices qui suivent vous vous aider à mettre en pratique les leçons de ce chapitre.

* * *

Mudita

Dans la tradition bouddhiste, il y a un concept connu sous le nom de «*mudita*», ou «joie sympathique». C'est la pratique de la joie dans ce qu'on accomplit ou réussit, et c'est aussi se réjouir pour les bonnes choses qui arrivent aux autres. Cette vertu peut être facile à cultiver lorsque les autres sont des membres de sa famille ou des amis proches, mais c'est plus difficile dès que l'on sort de son cercle intime.

Pour cet exercice, pensez à une situation où quelqu'un d'autre que vous a reçu quelque chose que vous vouliez pour vous-même. C'était peut-être une promotion au travail, une récompense, un objet matériel, etc. Dès que vous voyez en esprit la situation et la personne, répétez trois fois l'affirmation suivante à haute voix :

> *« Je suis heureux que ____________________ ait reçu la bonne chose que je voulais pour moi. »*

Qu'est-ce que cela vous fait de dire ces paroles à voix haute ? Si vous êtes comme la plupart des gens, il peut être difficile de se sentir sincère dans cette pratique, surtout au début. Mais d'instiller consciemment cette pratique de la *mudita* dans votre vie peut vous aider à remplacer la jalousie et l'envie par la bienveillance et l'amour inconditionnel. Agir ainsi va vous aider à voir au-delà du mythe du manque. Les autres ne sont pas en rivalité avec vous ; chacun reçoit exactement ce dont il a besoin à chaque instant – vous y compris.

Pour aller plus loin, dans ce qui concerne vos relations avec les autres dans le Rêve de la Planète, prenez conscience de vos réactions intérieures quand vous vous trouvez dans une situation où quelqu'un d'autre reçoit quelque chose que vous vouliez pour vous-même. Observez si vous ressentez de la jalousie, de l'envie ou de la peur, et servez-vous de ce qui a lieu comme une occasion pour vous de pratiquer la *mudita*.

VOS MODÈLES

Étape 1

Pensez aux nombreux modèles que vous avez eus dans votre vie et dressez la liste de toutes les qualités que vous avez vues et admirées chez ces personnes. Faites simplement la liste de ces qualités, sans indiquer le nom des personnes. À titre d'exemple, il peut y avoir : l'honnêteté, la générosité, la tolérance, la compétence, la paix, le discernement, etc. Faites cette liste avant de passer à l'étape suivante.

Étape 2

Rappelez-vous de ce dont nous avons parlé dans le chapitre cinq sur le fait que nous sommes un miroir les uns pour les autres : quelqu'un qui sait toucher en vous le point sensible possède en général une caractéristique que vous savez être en vous et que vous n'aimez pas. Eh bien, le contraire est tout aussi vrai... Revoyez la liste des qualités de vos modèles. Puis écrivez votre nom en haut de la liste. Vous possédez toutes ces qualités ! Sinon, vous n'auriez pas pu les reconnaître chez les autres. Il se peut que vous n'ayez pas la compétence de vos modèles dans certains domaines, mais vous avez la capacité et le potentiel pour forger votre propre voie, si vous choisissez d'y travailler.

Étape 3

En sachant que vous possédez déjà toutes ces qualités que vous admirez chez les autres, quelles qualités pensez-vous que d'autres vont admirer chez vous ? Comment croyez-vous que les autres vous perçoivent ? Est-ce que cela correspond à la liste que vous avez établie, ou bien y a-t-il des différences ? Laissez votre inspiration vous guider.

* * *

Mon souhait pour vous

Tout au long de ce livre, vous avez appris différentes façons de reconnaître et de lâcher vos domestications et attachements. Vous avez appris que de le faire aide à réduire au silence le discours intérieur négatif qui engendre de la souffrance dans votre Rêve personnel, et à le remplacer par l'amour de soi et l'acceptation de soi inconditionnellement. Lorsque vous apportez cet esprit d'amour inconditionnel dans vos interactions avec les autres dans le Rêve de la Planète, vous les voyez à travers le regard de la compassion et vous respectez leurs choix, même s'ils sont différents des vôtres. Par le pouvoir du pardon, vous êtes capable de dépasser les blessures causées par les autres et de voir qu'ils ont fait du mieux qu'ils pouvaient à l'époque. De cette façon, vous prenez part à la création d'harmonie dans le Rêve de la Planète.

Vous avez aussi appris le pouvoir des masques, l'art de changer de forme, et comment vous pouvez vous transformer au profit d'un autre – pour autant que cela ne viole pas votre vérité personnelle. Vous êtes capable de vous fixer des buts en cohérence avec ce que vous voulez vraiment, et vous vous aimez vous-même tout au long de votre travail pour y arriver. Finalement, vous savez que vous êtes déjà parfait et complet, vous êtes plus que suffisant, et vous recevrez toujours exactement ce dont vous avez besoin à chaque instant. Vous êtes reconnaissant pour les leçons apprises des autres, mais vous avez à présent confiance dans votre propre chemin, que vous suivez parce que vous savez que tout ce dont vous avez besoin est déjà en vous.

Du fait que vous reconnaissez la souffrance que la domestication et les attachements vous causent à vous-même et aux autres, vous n'essayez plus de contrôler votre entourage en exerçant colère, culpabilisation ou tristesse pour les forcer à croire ou à agir de la façon dont vous pensez qu'ils le devraient. Vous respectez les capacités de chacun à prendre ses propres décisions, ce qui veut dire que vous ne projetez pas sur eux le masque de qui vous pensez qu'ils pourraient être. Du fait que vous vous acceptez vous-même pour qui vous êtes, vous êtes maintenant capable d'accepter toute autre personne pour ce qu'elle est. C'est un rêve que nous sommes en train de cocréer; nous apprenons les uns des autres et respectons le point de vue individuel de chacun. Personne n'est plus important qu'un autre. Être en relation avec tous les êtres à partir de cet endroit de respect mutuel en fait le meilleur des mondes.

Dans les rares moments où vous glissez et tombez dans un piège, en tant que Maître de Soi, vous êtes capable de reconquérir votre éveil de conscience et de vous ressaisir rapidement. Plutôt que de rendre les choses pires en vous flagellant, en étant sur la défensive, ou bien en tombant dans le chaos qui ramène au drame de la fête, vous avez à présent de nouveaux outils pour reprendre votre course. Par le pouvoir de vos prises de conscience, soutenues par l'amour inconditionnel de soi, vous savez que vous faites de votre mieux à tout moment. Vous n'avez plus besoin de déformer le monde qui vous entoure pour qu'il s'adapte à votre perception. Vous savez qui vous êtes, et il en résulte que vous pouvez agir et parler en totale confiance et sans vous excuser. Ainsi, votre monde devient impeccable. Puisque vous êtes en relation avec les autres dans la conscience vigilante et dans l'amour inconditionnel, vous êtes sûr que chaque action que vous allez faire sera parfaite au moment où elle se fera. C'est de toutes ces manières-là que vous avez appris à devenir un Maître de Soi.

LE PARDON AU RÊVE DE LA PLANÈTE

Lorsque nous pensons au pardon, c'est la plupart du temps en faisant référence à des personnes que nous connaissons, ou à ceux qui nous ont fait du tort personnellement. Il existe cependant un autre type de pardon que l'on oublie souvent : c'est le pardon pour la souffrance qui a lieu dans le Rêve de la Planète.

Pour comprendre ce type de souffrance, regardons de plus près les deux composantes du Rêve de la Planète. D'abord, il y a le monde physique de la matière, avec ses océans, ses continents, ses vents et ses changements de climat ; c'est le monde où le changement est constant à chaque action ; c'est le royaume des phénomènes, où l'on peut voir et sentir le monde. Ensuite, il y a le monde des accords humains, et ces accords sont ce qui donne sens au monde matériel ; c'est le monde qui s'est créé dans notre esprit et qui se fonde sur nos perceptions. Le monde des accords est invisible, même si l'expression de ces accords se manifeste dans le monde physique. Alors que le monde physique semble bouger par lui-même, le monde des accords humains, par définition, requiert notre participation. Pour souligner cette différence, regardons ce qu'il en est de deux événements importants :

– Le premier s'est passé le 26 décembre 2004, lorsqu'un tsunami dans l'océan Indien a tué des milliers de personnes en un instant. Ce fut une perte de vies tragique, mais qui fut comprise comme quelque chose qui avait eu lieu à cause du mouvement de la Terre, sans qu'aucun accord humain ne soit impliqué. Bien que les conséquences de cet événement brisent le cœur, il n'y a personne à « blâmer » pour cela.

– Comparons-le à un autre événement qui s'est passé trois ans plus tôt, le 11 septembre 2001, aux États-Unis. Là aussi, la conséquence fut une perte catastrophique en vies humaines, mais la cause en était absolument différente puisqu'à l'instigation d'êtres humains. De façon tragique, beaucoup de personnes ont perdu la vie parce qu'un groupe de terroristes a cru nécessaire de soumettre le monde, par la violence, à sa vision de la vertu. Dans ce type de tragédie, on peut éprouver un sentiment de « blâme » envers les responsables de l'événement.

Bien qu'il soit parfaitement compréhensible d'être attristé et en colère devant de tels événements – et il se peut que certains de ceux qui me lisent aient été personnellement touchés par l'un d'eux (peut-être même par les deux) –, lorsque la tristesse nous saisit, nous perdons notre façon de voir les choses dans le Rêve, et nous pouvons laisser s'installer en nous un chagrin qui nous affaiblit, des formes de dépression et, dans le dernier cas, un désir de vengeance. Dans l'un et l'autre exemple, nous retrouver perdus dans notre tristesse va nous inciter à adopter une attitude négative envers le monde, en disant ou en pensant des choses comme : « Il est inutile d'essayer d'améliorer le monde » ou « La terre est un lieu terrible ».

Si vous vous engagez dans cette direction, le brouillard revient en force, car vous vivez à présent dans ce que vous imaginez, plein de peur et de désespoir : le Rêve de la Planète est devenu pour vous un cauchemar. Vous prenez de façon personnelle des événements qui ont lieu dans le monde et vous les laissez vous définir, vous et ce que vous pensez. Vous avez oublié que, lors de ces tragédies, beaucoup de personnes se sont aussitôt proposées pour aider les victimes et les survivants. Des communautés se sont constituées pour se porter secours mutuellement.

Bien qu'il soit complètement normal que l'une et l'autre de ces tragédies éveillent en nous de la tristesse, il arrive un moment où nous dépassons la perte et choisissons de pardonner au monde pour ces événements. On le fait parce que garder les émotions négatives qu'ils ont engendrées nous empêche d'évoluer. Ce qui ne veut pas dire qu'on oublie ce qui s'est passé : mais cela signifie qu'on ne veut pas que des événements comme ceux-là voilent notre conscience et nous gardent dans le piège du brouillard, incapables de voir la beauté qui nous entoure et nous empêchant de cocréer le Rêve.

De plus, un Maître de Soi comprend que ceux qui commettent des actes de violence (les membres des gangs, les terroristes, violeurs, maltraitants, manipulateurs et autres) sont en réalité les personnes les plus domestiquées et attachées du Rêve de la Planète, car elles ont perdu leur faculté de voir l'humanité chez un autre être vivant. Elles sont ivres à en perdre conscience, perdues dans la fête, aveuglées par leur propre système de croyances. Elles sont si contrôlées par leurs idées qu'elles ne peuvent plus voir l'humanité de leurs frères et sœurs.

Pour être clairs, le pardon ne veut pas dire l'apathie. Le pardon dans ce contexte signifie que, pour créer un Rêve de la Planète harmonieux, vous comprenez que vous êtes seul responsable de vous-même. Vous choisissez de laisser partir votre colère et ce qui vous fait mal pour pouvoir amener la paix dans votre Rêve personnel, et c'est de cette façon que vous pouvez vraiment aider le Rêve de la Planète, afin que les tragédies qui sont arrivées un jour à cause de la violence humaine ne puissent plus se trouver que dans les livres d'histoire.

Pour un Maître de Soi, la paix vient avec le pardon, en lâchant tous les poisons auxquels on s'accroche. Si vous laissez le poison vous submerger, vous devenez alors un élément du cycle porteur de souffrances dans le monde. Pardonner au Rêve de la Planète sa noirceur, c'est pardonner tous les endroits de noirceur en soi.

Même si d'autres font le choix de construire le Rêve de la Planète en créant un cauchemar, vous savez comment en finir avec le cauchemar en vous-même. Chaque fois que vous choisissez de pardonner, vous guérissez la plaie infectée qui vous pousserait à vous recroqueviller dans la peur et à vous cacher derrière la colère. Choisir d'agir depuis un endroit d'amour plutôt que de peur apportera toujours de l'harmonie dans le moment présent, indépendamment de ce qui se passe dans le Rêve. Le pardon est un acte d'amour. Aussi, en ces temps difficiles pour le monde, je vais me dire à moi-même :

> *« Je choisis de pardonner, je choisis de participer, je choisis d'agir, je choisis de me servir de ma voix pour la guérison, et je choisis d'exprimer le pouvoir de mon intention à travers l'amour inconditionnel.*
>
> *Je suis cocréateur du Rêve de la Planète, et je choisis d'en finir avec le cycle de l'amour conditionnel. »*

Je fais cela, et je laisse la paix commencer à œuvrer en moi. Telle est la Maîtrise de Soi en action, et tel est mon souhait – et mon espoir pour vous.

REMERCIEMENTS

Je veux d'abord honorer les personnes qui m'ont enseigné l'amour inconditionnel : ma mère, Maria « Coco » Ruiz ; mon père, don Miguel Ruiz ; ma Mama Gaya Jenkins ; mes grands-parents, Abuelita Sarita, Abuelita Leonarda et Abuelito Luis ; mes frères et sœurs, Jose Luis, Leonardo, RK, Kimberley-Jean, Jennifer et Jules ; mes enfants, Audrey et Alejandro ; et ma femme, Susan (Lovie). Je vous aime de tout mon cœur.

Je veux rendre honneur à Randy Davila, mon éditeur et frère de plume, et le remercier. Merci de m'avoir donné une nouvelle fois l'occasion de partager la tradition de ma famille toltèque par ce livre, et d'aider ma famille hiérophante à continuer de répandre l'amour et la connaissance qui nous permettent la guérison des blessures de l'amour conditionnel. Merci pour tout, Carnal, c'est un plaisir de travailler ainsi avec toi ! Je t'aime !

Je veux honorer de mon éternelle gratitude Kristie Macris, qui m'a aidé à entrer dans l'aventure de l'écriture en m'assistant pour mon premier livre, et qui a contribué à la création de celui-ci. Tu es mon enseignante dans cet art magnifique, tu m'as aidé à trouver ma propre voix et tu es ma partenaire et mon amie bien-aimée. Comme tu le dis, tu peux traduire ce que je dis parce que tu me connais si bien... Voilà presque vingt-deux ans d'amitié, et encore bien d'autres à venir. *Te amo !*

Je veux également faire honneur à ma meilleure amie et sœur d'enseignement, HeatherAsh Amara (Tape-m'en cinq !). Nous avons fait un long chemin depuis que nous avons commencé à enseigner ensemble et à rêver du jour où nous écririons des livres en continuant notre collaboration pour créer notre art. Nous y voilà ! Quel plaisir ! Je t'aime !

Merci à Dieu, avec tout mon Amour.

Ainsi soit-il, ainsi soit-il fait, et ainsi sera-t-il.

À PROPOS DE L'AUTEUR

Don Miguel Ruiz Jr est un Nagual, un maître toltèque de la Transformation, héritier direct de la lignée toltèque des Chevaliers de l'Aigle et fils de don Miguel Ruiz. En alliant la sagesse de ses traditions familiales à la connaissance acquise par son parcours personnel, il aide à présent les autres à réaliser leur propre chemin vers leur liberté personnelle. Il est l'auteur des *Cinq Niveaux d'attachement : les accords toltèques pour un monde moderne* et de *Méditations quotidiennes sur la voie toltèque*, chez le même éditeur.

Composition : Soft Office (38)

Achevé d'imprimer en février 2017
sur les presses de la Nouvelle Imprimerie Laballery
58500 Clamecy
Dépôt légal : mars 2017
Numéro d'impression : 702362

Imprimé en France

La Nouvelle Imprimerie Laballery est titulaire de la marque Imprim'Vert®